STORIA DELL'ARTE MODERNA

Tutte le espressioni artistiche del XIX e XX secolo

JIM BARROW

Copyright © 2022 – JIM BARROW

Tutti i diritti riservati.

Questo documento è orientato a fornire informazioni esatte e affidabili in merito all'argomento e alla questione trattati. La pubblicazione viene venduta con l'idea che l'editore non è tenuto a fornire servizi di contabilità, ufficialmente autorizzati o altrimenti qualificati. Se è necessaria una consulenza, legale o professionale, dovrebbe essere ordinato un individuo praticato nella professione.

Non è in alcun modo legale riprodurre, duplicare o trasmettere qualsiasi parte di questo documento in formato elettronico o cartaceo. La registrazione di questa pubblicazione è severamente vietata e non è consentita la memorizzazione di questo documento se non con l'autorizzazione scritta dell'editore. Tutti i diritti riservati.

Le informazioni fornite nel presente documento sono dichiarate veritiere e coerenti, in quanto qualsiasi responsabilità, in termini di disattenzione o altro, da qualsiasi uso o abuso di qualsiasi politica, processo o direzione contenuta all'interno è responsabilità solitaria e assoluta del lettore destinatario. In nessun caso qualsiasi responsabilità legale o colpa verrà presa nei confronti dell'editore per qualsiasi riparazione, danno o perdita monetaria dovuta alle informazioni qui contenute, direttamente o indirettamente.

Le informazioni qui contenute sono fornite esclusivamente a scopo informativo e sono universali. La presentazione delle informazioni è senza contratto né alcun tipo di garanzia. I marchi utilizzati all'interno di questo libro sono meramente a scopo di chiarimento e sono di proprietà dei proprietari stessi, non affiliati al presente documento.

Per ringraziarti dell'acquisto, in regalo per te un ulteriore eBook: **"IL PICCOLO ATLANTE DELLE DIVINITÀ: Dalla mitologia greca al cristianesimo, una panoramica sulle più famose divinità del mondo"**

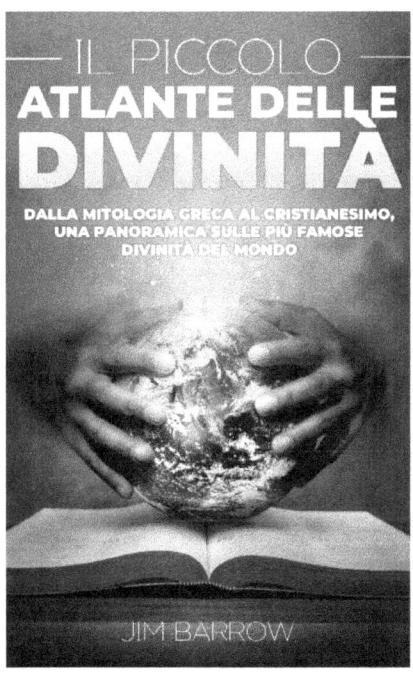

Scannerizza il seguente QR code per avere accesso immediato al tuo contenuto gratuito:

Oppure copia il seguente link sul browser:

https://jimbarrow30.subscribemenow.com/

Sommario

INTRODUZIONE 7

MOVIMENTI ARTISTICI DEL XIX SECOLO 9

PRIMA DEL ROMANTICISMO 10
ROMANTICISMO 17
REALISMO 20
IMPRESSIONISMO 24
POST-IMPRESSIONISMO 36
PUNTINISMO 42
SIMBOLISMO 46

I MOVIMENTI ARTISTICI DELLA PRIMA METÀ DEL XX SECOLO .. 52

ESPRESSIONISMO 53
    FAUVISMO 54
    DIE BRÜCKE 57
    DER BLAUE REITER 60
CUBISMO 64
    LE FASI DEL CUBISMO 67
    PABLO PICASSO E GEORGES BRAQUE: OLTRE IL CUBISMO 70
FUTURISMO 75
METAFISICA 83

SURREALISMO 90
DADAISMO 99
SUPREMATISMO 103
    BAUHAUS 104
NUOVA OGGETTIVITÀ 107

L'ARTE NEL SECONDO DOPOGUERRA *110*

ESPRESSIONISMO ASTRATTO 111
    ACTION PAINTING E COLOR FIELD PAINTING 113
POP-ART 115
MINIMALISMO 119
CONCLUSIONI 123
NOTA DELL'AUTORE 126
BIBLIOGRAFIA 128

Introduzione

Caro lettore,

innanzitutto, grazie per aver scelto il mio libro! Voglio raccontarti come è nata l'idea di scriverlo, così da orientarti verso il contenuto e capire se è ciò che stai cercando.

Ero in cerca di un testo di Storia dell'arte moderna, ma non uno qualunque. Volevo un libro con tre qualità per me indispensabili per rendere piacevole la lettura: approfondito nel giusto senza lungaggini, non accademico e caratterizzato da un linguaggio quotidiano e non troppo forbito. Così, tra una ricerca e l'altra, mi sono detto: e se lo scrivessi io? Bene. Quello che hai tra le mani è il libro che ho scritto. L'ho fatta facile, ma come per ogni mia scrittura i libri accademici me li sono dovuti leggere e sorbire tutti!

Dunque, mio caro lettore, se anche tu come me eri in cerca di un testo di storia dell'arte informativo quel tanto che basta per colmare le tue lacune culturali sui movimenti artistici a partire dal XIX secolo e leggero abbastanza da raccontarti qualche simpatico aneddoto, eccolo qui.

Se te lo stai chiedendo, ecco come ho deciso di strutturare il contenuto di questo libro di Storia dell'Arte: dopo aver definito tre sezioni organizzate in movimenti artistici del XIX secolo, movimenti artistici della prima metà del XX secolo e movimenti artistici del secondo dopoguerra, con un linguaggio il più possibile semplice, ho organizzato i capitoli in due parti, una dedicata alla descrizione della nascita e delle caratteristiche dei movimenti artistici affrontati e una dedicata a gran parte degli artisti che hanno reso possibile la diffusione dei diversi movimenti artistici, poiché, solo conoscendo qualcosa della loro biografia e dei loro dipinti possiamo comprendere come si sono sviluppati e come sono evoluti i periodi artistici; tra l'altro, quando sono riuscito a trovare qualche notizia in più, ho arricchito i capitoli con le curiosità relative alla vita degli artisti.

A questo punto, credo sia doveroso fare una premessa: ho progettato e sviluppato i capitoli di questo libro studiando e informandomi il più possibile, leggendo molto, inclusi i manuali più accademici per capire qualcosa in più, seguendo anche qualche documentario e video informativo, completando tutto con il più grande tesoro della nostra epoca: il Web, perdendomi nella bellezza delle parole degli esperti e degli appassionati di arte, ai quali vanno i miei complimenti.

Ho scritto tutte cose esatte? Ce l'ho messa tutta, ho scritto ogni pagina pensando a te, condividendo con te qualche riflessione che ho maturato durante la fase di studio, ma, dato che non si smette mai di imparare e che la perfezione non esiste, ti invito a considerare questo libro come un punto di partenza per avere una visione d'insieme di tutto ciò che è avvenuto nel mondo dell'arte dal XIX secolo in poi e approfondire ciò che più ti interessa continuando a studiare e a leggere tanti altri libri sull'argomento, inclusi i famosi mattoni di centinaia di pagine che sono ricchi di informazioni preziose!

Detto ciò, iniziamo insieme questo viaggio in un mondo ricco di colori, forme, disegni, linee e stili diversi che ci hanno offerto la possibilità di conoscere ciò che eravamo, ciò che siamo e ciò che saremo semplicemente soffermandoci a guardare un'opera d'arte e a sorprenderci ogni volta.

Jim!

MOVIMENTI ARTISTICI DEL XIX SECOLO

Prima del Romanticismo

Apro questo capitolo con un punto di domanda: da dove inizia l'arte moderna? C'è forse una linea temporale che ci aiuta a capirlo? Mi pongo questo quesito che mi è sorto leggendo una riflessione sui cambiamenti dell'arte. In effetti, mi sono rispecchiato nelle parole di chi ha scritto questa riflessione. Credo sia così: in fondo, tutto dipende dall'epoca in cui ci troviamo. Immagina di essere un artista dell'Ottocento e di trovarti ad osservare i dipinti del Quattrocento. Tu che non sai che cosa ci sarà in futuro e che non sai che un giorno ci saranno le cosiddette avanguardie artistiche, probabilmente, dirai che la tua è un'arte moderna e che quella quattrocentesca è vecchia; viceversa, se invece tu fossi un futurista, un cubista o un minimalista del Novecento, diresti che l'arte ottocentesca è antica rispetto alla tua, che si può considerare moderna.

Dopo la fase della pittura primitiva o di ciò che le fonti storiche ci hanno aiutato a riscostruire, per lungo tempo, soprattutto in Europa, l'arte era caratterizzata spesso da temi di tipo religioso. Con l'avvento dell'arte moderna, che gli studiosi collocano a partire dal Romanticismo, la concezione di rappresentazione della realtà muta radicalmente. L'arte diviene più libera, si allontana da schemi troppo accademici e dai tecnicismi per avvicinarsi a qualcosa di più reale e autentico, lontano dagli ideologismi. Un esempio sono i ritratti che non vanno più a celebrare la grandezza eroica o le gesta di personaggi di potere, ma la loro reale essenza, le loro sincere e spontanee espressioni del viso. È questa anche una forma d'arte che rifugge dalla razionalità, da ciò che è tangibile e che ricerca l'essenza di qualcosa di sublime, di più elevato, di romantico.

Su "romantico" ci fermiamo un attimo. Sapevi che con questo termine non si intendeva l'innamoramento tra due persone o comunque l'amore così come lo concepiamo oggi? "Romantico" era un aggettivo riferito alla bellezza e all'autenticità della natura, di fronte alla quale l'uomo provava una sensazione di annichilimento.

Quindi, quando inizia la storia dell'arte moderna?

Anche se si tende a collocare storicamente una data di inizio, si può concepire l'arte moderna come un fenomeno che si è lentamente formato seguendo una serie di cambiamenti epocali che hanno letteralmente cambiato il mondo per sempre. Ok, Jim, ma in che periodo inizia l'arte moderna? Mi stai chiedendo questo, vero? Ti rispondo subito!

Si inizia a parlare di arte moderna a partire dal XIX secolo, quando sorge l'esigenza di manifestare uno stacco netto con l'arte del passato per avviare un periodo di sperimentazione nelle forme, nelle linee e nelle tecniche, pur conservando l'intento di fare dell'arte uno strumento comunicativo.

L'unicità delle opere d'arte che hanno segnato l'avvento dell'arte moderna, in particolare dei dipinti, è data anche dai retroscena, da quello che oggi chiamiamo backstage, della creazione delle storie che hanno ispirato le scene dei quadri e anche della vita di alcuni artisti.

Pensiamo al famoso bacio di Francesco Hayez, sul quale ritornerò anche nelle pagine successive: sapevi che questo dipinto non rappresenta un semplice bacio tra due innamorati? In realtà, questo dipinto rappresenta una metafora di patriottismo. Su questo ci torno tra qualche pagina, ora, continuiamo con l'introduzione di arte moderna.

Facciamo prima un passo indietro e andiamo a vedere che cosa stava accadendo nel panorama artistico che possiamo considerare anticipatore di quella che definiamo "Storia dell'Arte Moderna".

La miriade di testi dedicati a questo argomento, inizia a raccontare l'inizio della storia dell'arte moderna partendo dai paesaggisti inglesi, considerati i precursori del movimento romantico. Tra questi, i due artisti più iconici tanto per il vissuto personale che li ha avvicinati alla pittura e tanto per l'originalità dei dipinti sono John Constable e William Turner. Con la presentazione di questi due artisti, ti introduco a ciò che farò anche nei capitoli successivi, parlarti, quando posso, di vita e opere dei maggiori rappresentanti dei movimenti artistici. Chi erano quindi John Constable e William Turner e perché ti parlo proprio di loro?

- John Constable (1776-1837) è un artista inglese che si ricorda per la sua mania di dipingere le nuvole e la campagna. Conoscere il suo background privato è utile per capire perché è stato così importante nel determinare l'exploit dell'arte romantica. John Constable è nato sotto una buona stella: originario dell'East Bergholt-Suffolk, cresce nell'ambito del mercato dei cereali, poiché suo padre Golding era mercante di questo prodotto alimentare, oltre ad essere proprietario di diversi beni, tra i quali ben due mulini ad acqua e un'agenzia di trasporti. Cosa importa sapere tutto ciò se stiamo parlando di storia dell'arte? Semplice. Perché, pur non essendo figlio unico, John Constable fu erede di tutte le ricchezze di famiglia, cosa che, ragionandoci su, potrebbe avergli dato la possibilità di dedicarsi alla sua propensione artistica senza badare troppo a come sbarcare il lunario. Infatti, mentre il fratello Abram, al quale aveva affidato la gestione dell'attività commerciale di famiglia, lo sostentava economicamente, nel 1795 e, quindi, facendo i calcoli, a circa diciannove anni, John

Constable andò a vivere a Londra per seguire i corsi dell'Accademia Reale. Vuoi sapere come è nata la sua passione per la pittura? Fu il suo amico e pittore John Dunthorne (1798-1832) a trasmettergli l'amore per la rappresentazione artistica. Insieme, si dilettavano a raffigurare i paesaggi di campagna, soprattutto delle aree del Suffolk e dell'Essex. Così, dato che si era reso conto che la pittura era la sua strada, John Constable decise di praticarla seriamente affidandosi agli insegnamenti dell'artista John Thomas Smith (1766-1833).

John Constable doveva veramente essere innamorato del paesaggismo, poiché i suoi dipinti erano tutt'altro che spontanei. Potremmo dire, passami il termine, che faceva dei sopralluoghi, realizzava una bozza e, in seguito, tornava nel suo studio per poterla trasferire sulla tela con un particolare tipo di pittura che ha reso caratteristici i suoi dipinti: colorava le forme picchiettando velocemente con il pennello e aggiungendo delle macchie colorate, conferendo alle immagini dei paesaggi dinamismo e contrasti dimensionali. Dirai, caro lettore, hai capito quanto si impegnava John Constable? Eppure, non ci crederai, ma, all'epoca, la sua arte era poco apprezzata nella patria natìa e dovette aspettare il 1824 per vedere esposte le sue tele a Parigi e ottenere il successo meritato e per essere considerato il precursore dell'arte pittorica e romantica dei paesaggi. Della serie: chi la dura la vince! E, come sempre accade a chi prima viene bistrattato e poi apprezzato quando diventa una celebrità, nel 1829, diventa membro della Royal Academy. Tante sono le opere che ci ha regalato John Constable, ma quelle più rappresentative sono: *Studio di Nuvole a Hampstead* (1821), *Stonehenge* (1835), *La Cattedrale di Salisbury vista dai terreni del vescovo* (1823), *La cattedrale di Salisbury vista dai prati* (1831), *Studio per paesaggio marino, barca e cielo tempestoso* (1824-1828).

- Joseph Mallord William Turner (1775-1851), dai più conosciuto come William Turner, è considerato uno dei paesaggisti e artisti inglesi più talentuosi di tutti i tempi. Si è fatto conoscere dal pubblico per la rappresentazione di paesaggi realizzati con acquerelli e pittura a olio. Uno dei suoi primi acquerelli fu esposto nel 1790 alla Royal Academy. A rendere peculiare l'arte di William Turner è stata la passione per l'ambiente marino e per la luminosità delle immagini. Il lavoro di questo artista è stato veramente prolifico considerando che, tra produzioni diverse, ha realizzato tantissime opere d'arte, includendo anche le bozze. In ognuna di queste produzioni, è stata riscontrata la tendenza a scardinare le strutture dell'arte classica, che ha trovato espressione nella natura e nelle macchie di colore, messe su tela attraverso sfumature definite da venature leggere oppure pastose.

  A differenza di John Constable, la sua vita non è stata sempre facile. Non è stato ereditiere e non ha avuto nessun parente disposto a finanziare la sua formazione e la sua attività artistica. Suo padre svolgeva due lavori per sostenere la famiglia e sua madre era affetta da disturbi psichici, a causa dei quali trascorse il resto della sua vita in una struttura di cura. Per questo motivo, all'età di dieci anni, William Turner fu trasferito a Brentford a casa di uno zio, dove ebbe modo di poter esprimere le sue capacità pittoriche. Qualche anno dopo, nel 1789, fu ammesso alla *Royal Academy of Arts*. In seguito, iniziò a girare l'Europa, dove ebbe modo di studiare le diverse morfologie di paesaggi che replicò sulle sue tele. Durante questo periodo, affidò a suo padre la gestione dei suoi affari economici, trovò l'amore e divenne padre di due figlie.

Partendo dall'arte classica, William Turner è riuscito a dare ai suoi dipinti un tocco di personalità romantica, intesa nell'accezione del movimento artistico. Emblematico è l'olio su tela *Naufragio. Barche da pesca che tentano di salvare l'equipaggio* (1805), un quadro che ricalca uno dei filoni dell'arte romantica, ossia la tempesta di mare, considerata simbolo della ribellione della natura quando da madre diventa matrigna, evocando negli animi sensibili la poetica del sublime. Ho scelto di parlarti di questo lavoro di William Turner perché c'è una piccola curiosità che lo riguarda. Più che un fatto accreditato, è una leggenda, ma si dice che William Turner abbia tratto ispirazione dal poema *Shipwreck* di Wiliam Falconer (1732-1769). Ciò che si sa per certo è che William Turner realizzò il dipinto partendo dai bozzetti che raffiguravano una tempesta di mare a Calais, luogo in cui arrivò in nave nel 1803, nel momento in cui stava lavorando al dipinto *Il molo di Calais*. A rendere meritevole di attenzione *Naufragio. Barche da pesca che tentano di salvare l'equipaggio*, sono anche le pennellate e i colori usati, così ben disposti da rappresentare il caos generato dalla tempesta: i marinai cercano di salvare i propri compagni dalla furia del mare, mentre le onde si scatenano minacciose, generando un caos che, metaforicamente, rappresenta l'angoscia emotiva, ma anche la forza di non mollare e di andare avanti nonostante le ostilità della natura.

Un altro iconico quadro di William Turner è *Luce e Colore (teoria di Goethe)* del 1843, dove si ritrovano tutti i colori di base come giallo luminoso, bianco, arancione, rosso, azzurro e verde, che sono parte del cosiddetto disco dei colori.

Ora siamo pronti per partire ufficialmente con il nostro viaggio nella storia dell'arte moderna. Ti aspetto nella pagina successiva con il Romanticismo.

Romanticismo

Ci sono due accezioni legate al significato di "romanticismo". Lo si attribuisce generalmente all'inglese *romantic*, ossia romantico, inteso come qualcosa di fantasioso, di solito relativo ai romanzi. Questo fino al XVII secolo, perché in seguito, nel XVIII secolo, a questo termine è stato associato un significato legato alle emozioni derivate dalle opere d'arte.

Con Romanticismo, si fa riferimento a un movimento artistico definito da una poetica basata su due concetti ispirati alla natura: pittoresco e sublime. Il sublime indicava tutto ciò che era generato dalla paura del vuoto, come una risposta al caos interiore derivato dalla contrapposizione tra ragione e sentimento e dal connubio di emozioni scaturito assistendo allo spettacolo offerto dall'azione della natura, considerata tanto madre e tanto matrigna. Lo spettacolo della natura e dei sentimenti ai quali partecipava l'uomo del Romanticismo corrispondevano al pittoresco, inteso anche come l'essenza del tempo andato, della nostalgia provata e pensando al suo scorrere.

Storicamente, si colloca l'inizio del Romanticismo al 1800. Si tratta di un movimento che ha abbracciato diverse branche di stampo culturale, filosofico e artistico e che ha avuto il suo fulcro pulsante in Europa tra Germania, Inghilterra, Italia e Spagna.

Il Romanticismo è sorto sulla riga di un nuovo modo di fare arte proteso alla valorizzazione e alla ricerca dei sentimenti più intimi dell'artista, mettendo al centro della produzione l'opposizione verso le tesi dell'Illuminismo e verso la ricerca di una spiegazione dell'immanenza.

Esistono tantissime parole per descrivere l'arte romantica. Una di queste è "languido", che ritroviamo, per esempio, nei dipinti dei precursori John Constable e William Turner. "Passato" è un altro termine in quanto l'arte romantica evocava i particolari medievali e classici.

Nel 1859, il pittore Francesco Hayez (1791-1882) ha realizzato la prima versione del dipinto *Il bacio*. Questo quadro è il più iconico del Romanticismo e lo è per diverse ragioni. Come ti ho accennato nelle pagine precedenti, l'immagine dei due innamorati che si baciano sullo sfondo di un contesto di derivazione medievale ha una precisa valenza simbolica. L'idea è nata quando Francesco Hayez fu incaricato dal conte Alfonso Maria Visconti di Saliceto di realizzare un dipinto che sottolineasse l'intenzione di stringere un'alleanza tra Italia e Francia. Il dipinto doveva contenere degli elementi simbolici per evitare di destare sospetti, cosa non rara per gli artisti del periodo, che erano impegnati a produrre opere d'arte apparentemente distanti dalla realtà per non svelare le intenzioni politiche. Quando Francesco Hayez completò il lavoro, superò ogni aspettativa: nessuno avrebbe immaginato che l'abito di una donna persa nel bacio con il suo amato raffigurasse la bandiera francese e che gli accessori di quest'ultimo fossero riferiti alle future tonalità della bandiera italiana e ai briganti del meridione. A rendere suggestivo il quadro, è anche la posizione dei due amanti: lei cerca di aggrapparsi a lui, che, con un piede appoggiato su un gradino, le tiene la testa tra le mani. A ben guardare, quel piede appoggiato sul gradino fa intendere che lui ha forse i minuti contati per un impegno incombente, probabilmente un combattimento. Il dipinto piacque così tanto che Francesco Hayez ne realizzò altri.

Questo quadro è diventato una vera leggenda, tanto che, intorno al 1920, fu usato come simbolo del brand di una nota marca italiana di cioccolatini; inoltre, nel 1954, il regista Luchino Visconti cita questo dipinto in una scena del film *Senso*.

Francisco José de Goya y Lucientes (1746-1828), meglio noto come Francisco Goya, è un altro artista che viene associato al Romanticismo, anche se la sua pittura si colloca a metà strada tra questo movimento artistico e il Neoclassicismo. In ambito romantico, la sua pittura si presenta tetra, cupa, ancorata a una realtà rappresentata in modo visionario, disegnata seguendo gli incubi interiori e dipinta tra luci e ombre. Dai dati che ho raccolto, ti racconto di lui partendo dal 1771, anno in cui a Madrid sposò Josefa Bayeu, sorella di tre pittori, tra i quali Francesco, che diventò suo insegnante. Grazie al cognato Francesco, nel 1774, cominciò a lavorare alla corte di Spagna, dove si occupò degli arazzi della tappezzeria reale. Nel 1786, fu nominato pittore del re e iniziò per lui un periodo florido e felice, evidente anche nello stile pittorico dei dipinti dedicati alla vita mondana. Nel 1792, una misteriosa malattia lo rese sordo, cambiando il suo umore e anche il suo stile pittorico, ma fu proprio durante questo periodo che realizzò un'opera interessante come *Capricci*, una raccolta di ottanta incisioni satiriche sulla follia, sulla stravaganza, sui vizi e sulla debolezza umana; in seguito, nel 1808, con il sopraggiungere della guerra d'indipendenza spagnola, diede la luce a due dei suoi più grandi capolavori: la *Maja desnuda* e la *Maja vestida*.

Tra gli altri lavori di Francisco Goya, possiamo ricordare: *Disastri della guerra (1810-1820), Il 2 maggio 1808* e *il 3 maggio 1808*.

Realismo

Il Realismo è un movimento artistico nato in Francia e storicamente collocato nel 1855, anno che rende evidente come andasse di pari passo con il Romanticismo, pur concentrandosi su un filone opposto, vale a dire l'abbandono dell'apoteosi dei sentimenti celebrata dal Romanticismo.
Il Realismo corrisponde a una forma d'arte sorta in risposta all'esigenza di rappresentare la dimensione politica e sociale e l'impegno del singolo e del popolo verso un orientamento piuttosto che un altro.
Facciamo un passetto indietro perché, anche se l'exploit c'è stato nel 1855, tutto ha avuto inizio con i moti popolari che hanno preso piede in Europa negli anni precedenti, tra i quali la Rivoluzione Francese nel 1789 e i moti rivoluzionari che sono partiti nel 1848 per esprimere il sentimento di critica verso la società borghese e l'esigenza di mostrare la realtà per ciò che era, ed ecco, infatti, che furono realizzati dipinti raffiguranti la povertà, la satira politica e anche ciò che era considerato scandaloso.
I pittori realisti decisero di rappresentare persino ciò che veniva giudicato non bello, considerato meritevole di essere raffigurato perché parte della realtà, soprattutto per evidenziare ciò che davvero accadeva in ambito sociale. Pensiamo per esempio al dipinto di Jean-Francois Milet (1814-1875) *Le spigolatrici* (1857) o a quello di Honoré Daumier (1808-1879) *Il vagone di terza classe* (1862).

Conosci il nome dell'artista più rappresentativo del realismo? Si tratta di Gustave Courbet (1819-1877), che ha posto le basi della sua formazione artistica studiando su più fronti: da solo, dedicandosi allo studio delle opere degli artisti esposti al Louvre di Parigi, facendosi ispirare dalla letteratura romantica e prendendo lezioni da maestri esperti. Il risultato dei suoi studi e del tempo che, sicuramente, a giudicare dalla bellezza delle sue opere, deve aver dedicato alla pratica, ha messo in evidenza addirittura i tratti del movimento artistico pre-impressionista; in più, ha proposto nel panorama artistico una tecnica innovativa per il periodo detta impasto perché il colore veniva applicato sulla tela con una spatola. L'opera che lo ha reso celebre è *Autoritratto con il cane nero*, esibito per la prima volta nel 1844 al Salon di Parigi, momento in cui, raccontano alcune fonti a lui dedicate, quest'opera destinata a diventare celebre fu inizialmente rifiutata dalla giuria. Ma Gustave Courbet la sapeva lunga, non si è lasciato scoraggiare dai primi no. Ha creduto così tanto nelle sue capacità tanto da mettere in piedi da solo, di nuovo, *Du réalisme*, una mostra d'arte che ha presentato al pubblico esponendo ben quaranta tele e un libretto, che in seguito fu indicato come il manifesto del Realismo.

Per fortuna, negli anni successivi, il talento dell'artista è stato riconosciuto, a quanto pare, anche dalla giuria del Salon perché, intorno al 1850, Gustave Courbet ci riprova, spiccando con tre opere di puro realismo dedicate alla rappresentazione della condizione sociale: *I contadini di Flagey* (1850-1855), *Gli Spaccapietre* (1849), che fu danneggiato durante la seconda guerra mondiale, e *Funerale a Ornans* (1849-1850). A seguire, altre sue celebri opere, da sempre indicate nei libri d'arte, sono: *L'atelier del pittore* (1854-1855), *Ragazze sulle rive della Senna* (1856), *Fanciulle sulla riva della Senna* (1857).

Insomma, Gustave Corubet sapeva il fatto suo. Oltre a perseverare per avverare il suo sogno nel cassetto, ossia diventare un artista riconosciuto, Gustave Courbet si è anche impegnato politicamente come attivista: fu eletto alla camera diventando addirittura

Presidente della Federazione degli artisti, il cui fine era eliminare la censura artistica e, infatti, se hai letto le righe precedenti, hai sicuramente notato che ti ho parlato di opere del realismo che destavano scandalo. Ecco. Con Gustave Courbet, lo scandalo si può ritrovare nell'erotismo di cui sono intrise alcune delle sue opere d'arte. Due delle più note in assoluto sono: *L'Origine del Mondo* (1866) e *Il Sonno* (1866).

Se *L'origine del Mondo* ha destato scalpore e si può indicare come il dipinto manifesto del rifiuto della censura sulle opere d'arte, c'è anche un altro episodio che ha caratterizzato la biografia di Gustave Courbet: fu accusato di aver determinato, nel 1871, la caduta della colonna Vendôme, voluta da Napoleone Bonaparte in onore della vittoria durante la battaglia di Austerlitz. Ti starai chiedendo: in che senso ha fatto cadere questo monumento? Tutto è partito da un pettegolezzo. Secondo alcune voci, Gustave Courbet non gradiva la colonna perché simboleggiava principi di autoritarismo e di oppressione, motivo per il quale non poteva affatto continuare ad essere inneggiata. È la verità? Come ogni pettegolezzo, questo aneddoto potrebbe essere stato arricchito con qualche ghirigoro, ma, dato che queste voci dovevano essersi estese parecchio, quando la colonna di Napoleone fu abbattuta, tutti cominciarono a dire che fu per volere di Gustave Courbet. Come si è risolta la vicenda? Gustave Courbet ha dovuto risarcire i danni, ma, dato che era dipendente dall'alcool, morì prima di iniziare a pagarli. Come siano realmente andate le cose non possiamo saperlo, ma ciò che è certo è che dobbiamo essere grati a questo artista per avere avuto il coraggio di osare con la sua pittura e di ispirare, ancora oggi, tanti altri artisti.

Inoltre, anche se sui libri di arte, come tanti altri suoi colleghi, si parla di lui, Gustave Courbet mai avrebbe potuto immaginare di destare scandalo anche anni e anni dopo durante l'era dell'arte riprodotta a suon di pixel. Infatti, il suo dipinto *L'origine del mondo* è stato oscurato dal social network *Facebook* in virtù del regolamento che vieta tassativamente la condivisione di immagini troppo audaci. Tutto è accaduto quando un insegnante ha condiviso l'opera d'arte di Gustave Courbet, vedendosi disattivare il profilo subito dopo!

Impressionismo

Nato in Francia, l'Impressionismo comincia ad essere preso in considerazione a partire dal 1863 e prolifica storicamente fino al 1880 circa. Ricalcando le avanguardie romantiche e realiste, incluso l'utilizzo dei colori, gli impressionisti si dedicano all'arte all'aria aperta, ossia "en plein air".
Questo movimento artistico non è dato da uno stile predefinito, ma abbraccia differenti tipologie di tecniche e punti di vista. Un elemento in comune che possiamo attribuire agli impressionisti è la velocità di esecuzione delle opere, di solito completate in poche ore, e l'utilizzo di colori ad olio, con l'obiettivo di imprimere su tela le sensazioni e le percezioni visive evocate dall'osservazione dei paesaggi in diverse ore del giorno e con un tipo di luce differente, andando quindi a mettere su tela le reali impressioni derivate dallo studio del paesaggio. Indovina un po'? Come per tutto ciò che è destinato a brillare nel tempo e a riscuotere grande successo, anche i dipinti impressionisti inizialmente furono screditati e bocciati. Indovina un po' dove? Sempre lì, al Salon di Parigi, quando, nel 1863, furono scartati migliaia di dipinti giudicati un po' troppo poco classici. A dirla tutta, furono giudicati "moderni", ma tutti gli artisti non si fecero intimorire dal giudizio ricevuto, certi delle proprie potenzialità e pronti a criticare tutto ciò che era troppo accademico; inoltre, pur avendolo considerato una base di partenza, gli Impressionisti cominciarono ad opporsi all'ideale pittorico romantico per andare imprimere sulla tela ciò che riguardava la vera realtà esterna, la vita contemporanea, "fotografando" esattamente ciò che in un preciso momento vedevano.

Sapevi da dove deriva questa passione, anzi questa ossessione sul colore? Sicuramente, c'è stato qualcosa di spontaneo come avviene in gran parte delle cose, ma c'è anche lo zampino di un certo Michel Eugéne Chevreul, un chimico che, nel 1840, mentre si occupava del suo lavoro in una fabbrica di tessuti, scoprì che due colori tra loro complementari messi vicini e osservati a distanza spiccano molto di più e tendono a brillare assorbendo la predominanza del colore generato dalla loro fusione. Questo è stato ciò che ha permesso di avvalorare scientificamente le tecniche impressioniste, influenzando più avanti anche i post-impressionisti.

Alcune fonti raccontano che, in opposizione al Salon ufficiale, per volere di Napoleone III, fu istituito il *Salon des refusés* per dare spazio alle opere scartate, tra le quali c'era anche *Le déjeuner sur l'herbe* (1863) di Éduard Manet, che qualche anno dopo espose anche lo scandaloso *Olympia* (1863).

Nell'aprile del 1874, gli impressionisti videro le loro opere esposte come prima vera presentazione del loro movimento artistico, però, nessuno di loro aveva pensato di darsi un'etichetta definita. Ci pensò il critico d'arte Louis Leroy, che coniò il termine prendendo spunto dal dipinto di Claude Monet *Impression, soleil levant* (1872). Da questo momento in poi, si comincia a parlare di Impressionismo, un movimento artistico caratterizzato da pennellate e tecniche particolari, che rendevano unica questa forma pittorica rispetto a quelle precedenti tra contrasti di luci e ombre e colori definiti. In tal senso, c'è stato un grande lavoro sull'uso del colore in relazione alla luce, capace di influenzare le tonalità di un determinato oggetto, motivo per il quale era in voga il trend di dipingere all'aria aperta così da captare le diverse sfumature di luce nei differenti momenti della giornata e in base alle condizioni metereologiche, per esempio, come dimostra l'emblematico dipinto *Cattedrale di Rouen* di Claude Monet, proposto in più varianti. Questo è ciò che qualche anno dopo si è venuto a creare con l'avvento della settima arte, ossia del Cinema, che negli anni ha affinato le tecniche di videoproduzione lavorando sulla fotografia, intesa non come gli scatti, bensì come la giusta collocazione delle scene da girare in base alla luce del giorno e, qualche volta, se necessario, con l'ausilio della luce artificiale utilizzata in modo specifico.

Gli impressionisti divennero una vera leggenda, un po' come oggi possiamo considerare i registi famosi, e il loro movimento artistico si diffuse rapidamente in Europa. Quali sono gli impressionisti più famosi di tutti i tempi? Eccoli qui di seguito:

- Paul Cézanne (1839-1906) è un impressionista spesso inserito anche nel filone post-impressionista perché ha cercato di distinguersi dai suoi colleghi più proiettati verso la soggettività. Lui era invece interessato all'oggettività, nel senso che il suo obiettivo era raffigurare le cose così come le vedeva, indipendentemente dalla luce. Potremmo dire che è stato il precursore di un nuovo modo di vedere l'arte, non più associata all'immaginazione. Il suo orientamento pittorico si basava su un punto di vista ben definito: la percezione umana è confusa e questo implica studio e concentrazione per ritrovare l'ordine attraverso l'arte. Così facendo, l'arte si trasforma in uno strumento che offre allo spettatore l'immagine nella sua essenza, così come percepita dall'occhio, senza contaminazioni emotive o di illuminazione, ottenendo in questo modo l'astrazione, vale a dire la focalizzazione su un singolo oggetto, che, pur nell'incompletezza del campo visivo, restituisce l'ordine, realizzando la "costruzione del vero".

  Adesso vediamo qualche curiosità su Paul Cézanne: la sua formazione non è stata sin da subito proiettata verso il mondo dell'arte. Inizia a studiare legge, poi, quando si rende conto che la sua vocazione è la pittura, decide di cambiare strada iscrivendosi prima all'*Ecole de Dessin* di Aix e poi all'*Académie Suisse* di Parigi. Si dice che avesse un bel caratterino. Più fonti lo descrivono come una persona un po' nervosa, taciturna, insicura ma anche visionaria. La cosa che più lo irritava era essere toccato, tanto che, quando inciampò durante una passeggiata, anziché ringraziarlo, rimproverò l'amico che lo aveva aiutato a rialzarsi. Questi tratti della sua personalità hanno inciso positivamente sulla sua ricerca artistica, che ha portato avanti rendendosi sordo a chi non credeva in lui, dimostrando poi di avere ragione con i suoi capolavori. Se non si fosse opposto, se non avesse difeso con le unghie e con i denti la sua idea di arte, forse oggi non staremmo qui a parlare di Impressionismo. Tra le sue opere principali, possiamo ricordare: *Autoritratto* (1883-1887), *Veduta di Auvers* (1874), *Le grandi bagnanti* (1898), *L'Estaque* (1885), *I giocatori di carte* (1890-1895).

- Hilaire Germain Edgar Degas (1834-1917), da tutti conosciuto come Edgar Degas, è un impressionista francese che si è dedicato alla pittura e alla scultura, distinguendosi dai suoi colleghi per la tendenza a dipingere negli spazi interni anziché all'aria aperta. È uno di quegli artisti nati in una famiglia agiata, che ha potuto dedicarsi alla sua vocazione artistica. Anche lui come Cézanne ha però avuto una parentesi dedicata agli studi in diritto e, solo a partire dal 1854, ha trovato la sua vera strada: l'arte. Grazie al supporto economico della famiglia, ha avuto l'opportunità di creare un atelier in casa, cosa che gli ha permesso di dare libero sfogo alla sua vocazione artistica. Tempo ben speso perché è diventato famoso tra gli impressionisti per i suoi dipinti a pastello e a olio. In particolare, Edgar Degas ha speso il suo tempo studiando la rappresentazione del movimento attraverso la raffigurazione della danza, tanto che in molti lo ricordano proprio per i dipinti che vedono protagoniste le ballerine. Per alimentare il suo talento, ha studiato in diversi modi: con un allievo di Jean-Auguste-Dominique Ingres all'*École des Beaux-Arts*, con i maestri del Louvre e attingendo dall'arte rinascimentale degli antichi maestri in Italia, soprattutto a Napoli. Quando incontra Édouard Manet, si avvicina all'impressionismo e inizia a dedicarsi alla rappresentazione dei soggetti contemporanei, tra balletto, teatro e luoghi di ritrovo, ma, nonostante ciò, resta fermo sul suo punto di vista: non gli piace la pittura en plein air. Tra le sue principali opere pittoriche si ricordano *La stella* (1876-78), *La classe di danza* (1871), *Carrozza alle corse* (1872), *L'assenzio* (1875-1876).

- Édouard Manet (1832-1883) è un artista francese considerato, per dirla con Charles Baudelaire, il pittore della vita moderna, in quanto la sua arte è ritenuta il ponte di passaggio tra realismo e pre-impressionismo. Questa accezione di pittore della vita moderna è giusta fino a un certo punto perché va considerato il fatto che la sua arte era circoscritta al suo background sociale, ossia quella che all'epoca veniva definita alta borghesia. Come detto qualche riga sopra, i suoi dipinti, forse anche ispirati dalla sua vita libertina, poiché aveva fama di essere donnaiolo, hanno destato scandalo. Diverse sono le curiosità che riguardano la vita di Édouard Manet: non gradiva molto la presenza di Paul Cézanne, anzi, i due si detestavano. Un pizzico di antipatia lo provava anche per il suo quasi omonimo Claude Monet, poiché, pur essendo amici, la quasi omonimia era spesso motivo di confusione tra i due!

- Claude Monet (1840-1926) viene ricordato come il pittore della luce, per i suoi studi e per il tempo dedicato a sperimentare la raffigurazione dei dipinti in base alla luce. Ti racconto qualcosa di questo artista prolifico partendo da una curiosità sul suo nome che forse non tutti conoscono: il suo vero nome è in realtà Oscar Claude, di cui vi è traccia solo sulle sue prime opere. Un ottimo contributo alla coltivazione e alla scoperta del suo talento lo deve a sua madre che, innamorata dell'arte, della musica e della letteratura, lo ha stimolato nella sua inclinazione verso la pittura. Nonostante suo padre avesse altre ambizioni professionali per lui, non lo ha mai ostacolato nella realizzazione dei suoi obiettivi artistici.

Anche per lui le possibilità economiche sono state ben salde per poter vivere una vita tranquilla, dedicandosi alla sua passione, soprattutto per i paesaggi, in particolare quelli normanni, in quanto, pur essendo di origine parigina, ha trascorso parte della sua vita nei pressi di Le Havre, in Normandia, dove si era trasferito nel 1845 con la famiglia per motivi di lavoro di suo padre. Ciò che proprio non riusciva a gestire era il metodo educativo offerto dalla scuola che frequentava, che considerava rigido perché lo vedeva come un allontanamento dall'aria aperta, dove invece preferiva trascorrere il suo tempo per godere dei colori della natura. Come si può ben intuire, l'unica materia dove non si annoiava era il disegno. Per questa ragione, a partire dal 1851, ha deciso di approfondire la sua passione per il disegno seguendo le lezioni di Jacques-Francois Orchard.

Nel 1857, a Le Havre, viene allestita la sua sua prima mostra. Due anni dopo, si trasferisce a Parigi, città fertile per il suo talento grazie all'incontro con artisti affermati. Il

1865 è stato l'anno in cui ha incontrato la sua futura moglie, la modella Camille Doncieux, che ha posato per lui per la realizzazione di dipinti che otterranno un discreto successo, che però non porterà la coppia a raggiungere una grande ricchezza. Il 1874 è stato l'anno in cui è arrivata l'occasione per vedere le sue opere esposte insieme a quelle degli altri impressionisti, ma lui non si ferma, continua ad alimentare la sua vena artistica, tanto che, nel 1878, parte alla volta di Londra, dove stringe amicizia con William Turner e John Constable, passa poi per l'Olanda e infine torna in Francia, in cerca di un luogo adatto sia per vivere e sia per poter trovare ispirazione. Quando resta vedovo, decidere di vivere per un po' in solitudine, senza però smettere di produrre. Un po' di tempo dopo, intesse una relazione amorosa con quella che poi diventerà la sua seconda moglie, la vedova Alice Hoschedé, insieme alla quale si trasferirà a Giverny, dove riuscirà a dare libero sfogo alla sua vena artistica, a partire dall'allestimento del giardino di casa, e, in seguito, con l'elemento che determinerà il suo tratto distintivo: le ninfee che pianta nel suo stagno. Intanto, le sue opere vengono esposte in gran parte del mondo. Tra le sue opere principali, possiamo elencare: *Impressione. Levar del sole* (1872), *Lo stagno delle ninfee* (1899), *Ninfee* (1919), *Donne in giardino* (1866), *Colazione* (1866), *Autoritratto* (1917).

- Jacobe Camille Pissarro (1830-1903) è nato da padre francese, proprietario di un emporio, e da madre creola in una colonia danese situata su un'isola delle Antille. Per volere del padre, studia in un collegio parigino e, una volta conclusi gli anni di formazione, torna dalla sua famiglia, che aiuta nella gestione degli affari dell'emporio, pur coltivando una passione per la pittura che sviluppa da autodidatta, passione che pulserà così tanto in lui da portarlo a scegliere, nel 1852, di farne la sua professione e di trasferirsi in Venezuela con il pittore Fritz Melbye (1826-1869) per potersi dedicare alla sua arte rifuggendo alle opposizioni dei genitori e dove resterà fino al 1855 prima di andare a Parigi per approfondire le sue conoscenze artistiche presso l'*École des Beaux-Arts*, approvata da suo padre quando si rende conto che suo figlio è davvero portato per la pittura. Decide di iscriversi anche all'*Académie Suisse*, dove fa amicizia con Claude Monet nel 1859, anno in cui avviene il suo esordio al Salon.

La sua arte si è distinta per la raffigurazione dei passaggi tropicali e di alcuni angoli di Parigi e viene anche ricordata per aver messo in pratica i primi esperimenti di puntinismo e per la sperimentazione diverse tecniche. Tutto ciò lo ha reso non solo uno dei principali esponenti dell'Impressionismo, ma anche l'unico pittore che ha visto esposte le sue opere in tutte le edizioni delle mostre dedicate al movimento artistico tanto al *Salon des Refusés* che al *Salon* principale, cosa che gli fece guadagnare la considerazione di tutti.

Nel 1872 diventa il maestro di Paul Cézanne, al quale impartisce lezioni su come rappresentare ciò che si trova en plein air nei pressi di Pontoise. Ebbe qualche indebolimento della vista che lo portò a dipingere di meno all'aperto e molto di più la vita urbana che scorgeva dalla finestra dei luoghi dove alloggiava durante i suoi viaggi. Sapevi che quasi tutti i suoi figli hanno seguito le sue orme? Non poteva essere altrimenti con un padre talentuoso come lui che ha realizzato dipinti come: *Boulevard Montmartre, matinée de printemps* (1897), *Boulevard Montmartre di notte* (1897), *L'Hermitage a Pontoise* (1867).

- Pierre-Auguste Renoir (1841-1919) è forse uno degli impressionisti che più si ricordano. La sua biografia è un po' sui generis. Se spesso nelle righe precedenti abbiamo visto una frammentazione tra il background di artisti benestanti e artisti che avevano la necessità di guadagnarsi il pane quotidiano, di lui possiamo partire con il dire che era un lavoratore innovativo e che aveva già intuito come adattare le proprie competenze per renderle remunerative. Nato da una famiglia di operai, inizia a collaborare presso una fabbrica di porcellane come decoratore e successivamente sposta la sua collaborazione presso lo studio di Charles Gleyre, dove fa la conoscenza di Alfred Sisley (1839-1899), Jean-Frédéric Bazille (1841-1870) e Claude Monet. Con quest'ultimo, trascorreva il tempo a realizzare dipinti all'aria aperta e insieme lavoravano sullo stesso soggetto affiancando i cavalletti.

Pierre-Auguste Renoir è tra gli artisti dell'Impressionismo che vengono ricordati non solo per lo stile, ma anche per la gioia che sprizzava da tutti i pori e che esprimeva anche attraverso le sue tele. E non pensare che questa allegria derivasse da un'improvvisa ricchezza o da un improvviso successo. Era proprio allegro di suo e gli piaceva esternare il messaggio che poteva esserci sempre una ragione per sorridere, anche con le difficoltà. Bellissimo messaggio! Infatti, nelle sue tele possiamo ammirare persone sempre in festa, radunate in gruppo e simbolo dello stile di vita libertino e libero da convenzioni sociali del periodo.

Anche lui ha studiato all'*Ecole des Beaux-Arts* e ha fatto amicizia con altri esponenti dell'Impressionismo, tra i quali Claude Monet per i motivi che ti ho spiegato qualche riga fa. Insieme anche ad altri artisti del periodo, è stato tra i primi a sperimentare la pittura all'aria aperta per studiare e raffigurare la luce e i colori e, sì, anche le sue opere sono state esposte nel 1874 insieme a quelle di tutti gli altri. Tra le sue principali opere, possiamo ricordare: *Monet che legge* (1872), *La colazione dei canottieri* (1881), *Gli ombrelli* (1886).

- Alfred Sisley (1839-1899), anche se di origini inglesi, viene considerato un artista francese perché ha trascorso gran parte del suo tempo in Francia per dedicarsi all'arte, ma non ha mai ottenuto la cittadinanza francese. È stato un artista che si è impegnato moltissimo, ma pochi sono stati in grado di apprezzare le sue opere se non in periodo postumo. Allo stesso modo di altri artisti dello stesso periodo, viene anche lui da una famiglia agiata, cosa che gli consente di dedicarsi a ciò che più ama fare, nonostante gli fosse stato proposto di seguire le orme della famiglia impegnata nelle attività commerciali a Londra, dove si trasferisce per completare gli studi senza mai abbandonare il suo amore per l'arte, che alimenta trascorrendo il suo tempo libero nei musei e studiando le arti pittoriche. Una volta ritornato a Parigi, inizia a seguire le lezioni di Charles Gleyre, in occasione delle quali conosce Claude Monet, Pierre-Auguste Renoir e Jean-Fréderic Bazille, che diventano i suoi compagni di avventura. Insieme, si organizzano infatti per fare esperienza della pittura all'aperto, soprattutto dei paesaggi alberati, liberandosi delle strutture tecniche impartite da Charles Gleyre. Va però detto che inizia ad avvicinarsi all'impressionismo influenzato dall'arte pittorica di Camille Corot (1796-1875). Anche le sue opere vengono inizialmente esposte al Salon, ma solo in tre occasioni: nel 1866, nel 1868, nel 1870 e insieme agli altri impressionisti nel 1874.

A caratterizzare le sue tele è una visione poetica della vita di periferia, con pennellate che, nel corso degli anni, la critica e gli studiosi di arte hanno definito a macchie. Durante la costruzione della sua strada da artista, proprio quando riesce a godere della crescita del suo talento, è costretto a fermarsi perché qualcosa ostacola la sua carriera: a causa di un tracollo economico degli affari di famiglia, non può più dedicarsi all'arte, ma questo sarà per lui uno stimolo perché comincerà a diventare imprenditore di sé stesso trasformando la pittura in un lavoro. Inizia la sua attività imprenditoriale con l'aiuto di Claude Monet, che lo aiuta con la promozione dei suoi dipinti, diciamo che gli fa da manager come si direbbe oggi, e riesce persino a venderli e a vederli esposti a Londra. I suoi dipinti sono veramente tanti, ma qui possiamo elencare: *Inondazione a Pont-Marly* (1876) e *Veduta del canale Saint-Martin* (1870).

- Mary Cassat (1845-1926) è una pittrice americana che si è avvicinata al movimento impressionista a partire dal 1866, spinta dall'ammirazione verso gli artisti più noti come Claude Monet ed Edgar Degas, con il quale strinse anche un accordo di collaborazione. È una delle poche pittrici donne che si ricordano nel movimento impressionista ed è per questo che merita di essere inserita in questo elenco, per omaggiare il suo talento e le sue opere d'arte, che vengono ricordate soprattutto per le tele che vedono ritratte donne con bambini. Se ti capita di osservarli, dai suoi dipinti traspare quell'innato e immenso rapporto d'amore, d'affetto e di protezione che solo madre e figlio posso avere in tanti diversi momenti della giornata, un esempio è *Louise allatta la sua bambina* (1898). A rendere ulteriormente meritevole di attenzione la sua arte è il suo spirito innovativo, investito dall'influenza dello stile pittorico giapponese che ha magistralmente rappresentato in una delle sue più famose tele: *Raccolta di frutta* (1892).

Post-impressionismo

Usato per la prima volta da Roger Eliot Fry (1866-1934), si tratta dello sviluppo delle tecniche successive all'Impressionismo. Anche se non va considerato un movimento artistico a sé, si usa la definizione Post-impressionismo per fare riferimento a una tendenza generica che ingloba diversi modi di intendere l'arte che ha attraversato l'ultimo ventennio dell'Ottocento. La fase post-impressionista è molto più vibrante dell'Impressionismo stesso perché si fonde con le avanguardie storiche che hanno reso magico l'avvento del Novecento, tra cinema, fotografia, nuove tecnologie, nuove scoperte e nuove mode.

Il Post-impressionismo porta avanti solo qualche aspetto dell'Impressionismo, concentrandosi su metodi diversi di usare il colore; in più, i post-impressionisti non hanno interessi a dedicarsi alla pittura all'aria aperta, almeno non nella maggior parte del loro tempo, ma preferiscono studiare e creare all'interno dei propri atelier.

Questo filone artistico nasce in risposta a una fase di stallo dell'Impressionismo, che verso la fine dell'Ottocento inizia a perdere la sua spinta propulsiva, pur rimanendo saldi gli insegnamenti e le scoperte che hanno permesso ai post-impressionisti di realizzare le proprie opere d'arte.

La squadra post-impressionista cercava di prendere come punto di riferimento le teorie del colore di Michel Eugéne Chevreul.

Presta attenzione a questo passaggio perché ciò che sto per dirti ti sbloccherà un ricordo: hai mai giocato con i pennarelli provando a colorare i tuoi disegni con tanti puntini? Ecco. Le teorie sulla complementarità del colore che i post-impressionisti hanno supportato sono state la molla che ha acceso l'ispirazione per dare avvio al puntinismo, termine introdotto dal critico d'arte Félix Fénéon. Di come l'arte dei puntini sia stata innovativa, te ne parlerò tra qualche riga. Prima, conosciamo i principali artisti del post-impressionismo, oltre al già nominato Paul Cézanne:

- Vincent Van Gogh (1853-1890) è sicuramente uno degli artisti più controversi di tutti, per la sua grande abilità nella realizzazione di opere uniche e per la sua personalità un po' sopra le righe. Sono tante le opere che, a distanza di anni dalla loro realizzazione, hanno suscitato l'interesse tanto di curiosi che di studiosi per una serie di miti ad esse legate. Una di queste è *Autoritratto con orecchio bendato e pipa* (1889) dove è presente un'incongruenza tra ciò che è accaduto nella realtà e ciò che invece è stato impresso sulla tela. Questo dipinto fa riferimento al celebre episodio dell'orecchio che Van Gogh si tagliò da solo il giorno della vigilia di Natale. L'orecchio era quello sinistro, ma nel quadro è rappresentato a destra. Gli studiosi hanno giustificato questa differenza di posizione con l'immagine di sé stesso riflessa nello specchio che Van Gogh ha usato per realizzare il dipinto. *La Notte stellata* (1889), nome originale *De sterrenacht*, è un altro dipinto di Van Gogh che sicuramente cattura l'attenzione di chi ama conoscere gli antefatti e le curiosità sul suo conto. Questo dipinto è successivo all'episodio turbolento relativo all'orecchio, dopo il quale l'artista decise di stabilirsi in una struttura nei pressi di Saint-Rémy de Provence per curare il suo turbamento interiore. Paradossalmente, proprio in questo periodo buio della sua esistenza, Van Gogh ha conosciuto un momento prolifico per l'espressione del suo innato talento, producendo una serie di opere indimenticabili, tra le quali proprio *La Notte stellata*. Infatti, fonte della sua ispirazione è l'isolamento nel quale vive in questo periodo, che gli consente di giocare tra realtà e fantasia. In linea con questa tendenza, Van Gogh si mette a lavorare al dipinto *La Notte Stellata* traendo spunto da ciò che vede dalla finestra della sua stanza. Ecco allora che delinea sulla tela il panorama notturno, aggiungendo qualcosa che però alberga nella sua immaginazione: un piccolo villaggio di cui ha memoria. Questo dipinto non riproduce fedelmente la rappresentazione di ciò che Van Gogh ha visto poiché non sono disegnate le sbarre della finestra, sostituite dal villaggio olandese presente nei suoi ricordi. Inoltre, ci sono dei dubbi sulla data di realizzazione del dipinto: le date più accreditate sono il 18 e il 19 giugno 1889, ma c'è chi ritiene che potrebbe trattarsi dell'alba di un giorno di maggio o altre date del mese di giugno; addirittura, considerando la posizione degli astri raffigurati, si conferma l'idea che la data di realizzazione potrebbe corrispondere agli ultimi giorni di maggio o a quelli di giugno, fase in cui Venere, presente nel dipinto, è più evidente. Di recente, esattamente nel 2015, alcuni studiosi hanno addirittura ipotizzato che la spirale posta al centro de dipinto *La Notte Stellata* fosse la Galassia M51. Si narra anche che, nonostante fosse la sua opera più famosa, Van Gogh non la gradisse molto, forse a causa del periodo di isolamento a Saint-Remy. Vuoi conoscere un'altra curiosità su Vincent Van Gogh? Pare abbia venduto un solo quadro e a suo fratello Theo!

- Édouard Vuillard (1868-1940), pittore, stampatore e artista decorativo di origini francesi, inizia il suo periodo formativo sin da piccolo seguendo, dopo aver abbandonato il liceo, le lezioni del pittore Diogène Maillart (1840-1926) a Parigi; in seguito, come tanti altri artisti dello stesso periodo, si iscrive all'*École des Beaux-Arts*, dedicandosi in gran parte al Realismo e impegnandosi a seguire una carriera diversa da quella ambita dalla sua famiglia, ossia quella militare. Il 1889 segna una tappa importante nel suo cammino artistico perché riceve la proposta da Maurice Denis (1870-1943) di entrare a far parte dei Nabis, che non era una boyband, ma il nome di un gruppo di artisti di stampo post-impressionista e simbolista che si ricorda per il dipinto manifesto di Paul Sérusier *Le Talisman* (1888). Gli ideali artistici di questo gruppo hanno influenzato il suo stile pittorico allontanandolo dal Realismo e suscitando in lui l'interesse verso un uso più vivace dei colori.

Édouard Vuillard ha reso unica la sua arte per il modo di rappresentare la vita quotidiana e casalinga. Tra le sue maggiori opere, possiamo ricordare: *Autoritratto* (1891), *Vallotton e Misia nella sala da pranzo* (1899), *Le Boulevard des Battignolles* (1910).

- Paul Gauguin (1848-1903) è il pittore dell'esotismo per eccellenza. I suoi dipinti sono impossibili da dimenticare e restano impressi nella mente per il senso di pace che evocano. Partiamo prima da qualche curiosità su questo artista per comprendere la meravigliosa complessità dei suoi dipinti. Lui e Vincent Van Gogh hanno abitato insieme per un paio di mesi in quella che oggi conosciamo come la Casa Gialla ad Arles in Provenza. Durante il periodo di convivenza, pur non andando molto d'accordo, si confrontano e si influenzano a vicenda, firmando, senza saperlo, alcune delle più belle pagine della storia dell'arte. L'idea di vivere insieme venne a Paul Gauguin quando nel 1888 il fratello di Vincent Van Gogh, Theo, che era un mercante d'arte, si innamorò delle sue tele proponendogli uno stipendio di 150 franchi al mese per la realizzazione di un quadro al mese. Dopo l'ennesimo scontro con Vincent Van Gogh, Paul Gauguin decide di cambiare aria e di trasferirsi a Tahiti, ma, ben presto, è costretto a ritornare per ragioni economiche, per poi riuscire a partire nuovamente diretto verso l'isola di Hiva ova, luogo che fa veramente bene alla sua arte, che acquisisce uno stile primitivo, astratto, animista che diventerà il suo marchio distintivo; inoltre, nel corso degli anni, Paul Gauguin si è specializzato nel cloisonnisme, una tecnica pittorica accompagnata da linee forti e nette che risaltano i colori. Tra le sue maggiori opere, possiamo ricordare: *Da dove veniamo? Chi siamo? Dove andiamo?* (1897-1898), *Il Cristo giallo* (1889), *Autoritratto dell'artista con cappello* (1893).

- Henri de Toulouse-Lautrec (1864-1901) è il pittore francese dei movimenti artistici ottocenteschi più simpatici. Alla sua simpatia si aggiunge naturalmente anche quell'innato talento per l'arte che lo ha reso indimenticabile e meritevole di essere presente in ogni libro di storia dell'arte. Di nobili origini, figlio di un conte e di una contessa, nasce con una malattia genetica che gli ha dato un aspetto minuto, sul quale ha spesso fatto ironia dicendo che il suo nome era molto più lungo di lui, poiché tutto intero era Henri-Marie-Raymond de Toulouse-Lautrec-Montfa. Nonostante il senso dello humor e le nobili origini, Henri de Toulouse-Lautrec non ha avuto una vita semplice: escluso dalle attività sportive tipiche dei nobili per il suo aspetto, preferisce interessarsi di arte, trascorrendo gran parte del tempo nei luoghi più isolati dal resto della società. Frequentava bordelli, bar, il Moulin rouge e beveva molto. I suoi dipinti vedevano spesso protagoniste le persone che trovava nei suoi luoghi di ritrovo, che rispecchiavano il suo mondo interiore, spesso triste. Suo padre aveva visto di buon occhio la sua passione per l'arte e, sotto suggerimento di amici esperti, lo indirizzò verso la formazione accademica; nel tempo, perfezionò le sue abilità artistiche prendendo lezioni dal pittore Léon Bonnat (1833-1922). A Montmartre ebbe modo di conoscere Vincent van Gogh, che si prestò come modello del dipinto *Ritratto di Vincent van Gogh* (1887).

Sicuro delle sue capacità artistiche, Henri de Toulouse-Lautrec aprì un suo personale studio di arte a Montmartre, zona dove fu molto apprezzato per la sua brillante personalità, quando però non prendeva il sopravvento il suo lato più oscuro e nervoso, che emergeva quando beveva troppo. Ciò che lo rende però memorabile è la malleabilità della sua pittura, che riusciva ad attare a stili diversi, tanto da essere noto non solo per i suoi dipinti, ma anche per le locandine che realizzava per gli spettacoli e le esibizioni, insieme anche a qualche illustrazione per le riviste, lavori che lo hanno reso uno dei primi pubblicitari della storia. Anche lui, come altri artisti, si è ispirato all'arte giapponese, in particolare alle stampe ukiyo-e. Dato che gli anni in cui Henri de Toulouse-Lautrec ha messo a frutto il suo talento artistico sono quelli in cui sono nati il cinema e la fotografia, non è raro trovare qualche fotografia che lo vede protagonista. Tra le sue maggiori opere, possiamo ricordare: *The Sofa* (1894-1896), le stampe *Moulin Rouge* (1891) *e Divano giapponese* (1893).

Puntinismo

Il Puntinismo inizia a essere applicato in Francia a partire dal 1870. Si presenta come un filone del Post-impressionismo e viene anche detto *Pointillisme*. Si tratta di una tecnica che muove da basi scientifiche volte a sperimentare la percezione del colore e i meccanismi della percezione visiva.

Per potere realizzare le loro opere, gli artisti interessati alla tecnica del puntinismo adottavano colori primari e piccole pennellate, impegno che fece loro guadagnare l'appellativo di neoimpressionisti della fotografia.

Fino ad ora abbiamo posto l'accento su ciò che è avvenuto in Francia, ma, con il Divisionismo, anche in Italia iniziano a spiccare dei nomi importanti. Uno di questi è quello dello studio Gateano Previati (1852-1920), che si è occupato di osservare il movimento affermando, in *Principi scientifici del divisionismo*, pubblicato nel 1906, che il fenomeno del Divisionismo si manifesta con un'addizione di luce attraverso la divisione delle tinte complementari. In tal senso, accanto alle teorie del Puntinismo, si affiancano anche quelle dell'autocromia. Infatti, alla base delle teorie che hanno fatto nascere il Puntinismo, c'è la presa di coscienza che per far risaltare i colori non bisogna ricorrere al mescolamento sulla tavolozza, bensì affiancarli direttamente sulla tela, poiché l'unione delle tinte avviene con la percezione visiva, effetto che si ottiene soprattutto utilizzando i colori complementari. Di seguito, gli artisti che meglio hanno applicato il Puntinismo:

- Molto amato da Vincent Van Gogh, Georges-Pierre Seurat (1859-1891) o semplicemente Georges Seurat è stato un artista unico nel suo genere per l'impegno che ha investito nello studio del colore, ispirato dal libro di Michel Eugéne Chevreul *Legge del contrasto simultaneo dei colori*. Il Puntinismo nasce infatti dalla sua ossessione sull'uso dei colori da applicare sulla tela che, per evitare di fondere troppo, li mescolava con tocchi di pennello simili a dei puntini.
Protagonisti delle sue tele sono spesso soggetti tristi ritratti in ambienti a festa. Secondo la critica, probabilmente, l'obiettivo di Georges Seurat era quello di criticare gli usi e i costumi della Belle époque. Eppure, mio caro lettore, non ci crederai, ma anche un'artista così profondo e dedito alla scienza del colore come lui vide scartate le sue opere al Salon ufficiale di Parigi. Per questo motivo, insieme a Paul Signac e altri colleghi, fondò la *Societé des Artistes Indépendants*. Tra le sue maggiori opere, possiamo elencare: *Una domenica pomeriggio sull'isola della Grande-Jatte* (1884-1886), *La parata del circo* (1888).
- Paul Signac (1863-1935) è cresciuto nel quartiere di Montmatre e, quindi, si intuisce da dove sia partita l'influenza verso la sua strada artistica, anche se inizialmente ha iniziato a studiare architettura, ambito che abbandonò poco dopo quando, nell'ammirare una mostra di Claude Monet, capì che la sua strada era dipingere. Galeotto forse lo stile di Claude Monet, Paul Signac ha sviluppato il proprio stile attingendo dall'Impressionismo e stando al fianco del suo amico Georges Seurat, che lo incitò a dedicarsi al Puntinismo. Si narra che, quando si trovava a realizzare una tela sulle rive della Senna, conobbe Vincent Van Gogh, con il quale nacque una splendida amicizia,

tanto che non lo abbandonò nemmeno quando fu trasferito in un ospedale psichiatrico. Tra le principali opere di Paul Signac possiamo indicare: *Colazione* (1886-1887), *Au temps d'harmonie* (1893-1895), Le port de *Saint-Tropez* (1899).

- Giuseppe Pellizza da Volpedo (1868-1907) nacque ad Alessandria, a Volpedo, in una famiglia di proprietari terrieri, motivo per il quale non ebbe difficoltà a dedicarsi sin da subito a studiare arte. Infatti, studiò presso prestigiosi istituti come l'Accademia di Brera, dove ebbe come insegnante Francesco Hayez, e in altre importanti città italiane come Roma e Firenze. Eppure, nessuno dei luoghi frequentati per nutrire il suo talento erano riusciti a trasmettergli ciò che voleva imparare e questo lo rendeva desideroso di mettersi continuamente in gioco per apprendere nuove conoscenze.

La sua sete di sapere lo portò proprio lì, in Francia, nel cuore pulsante dell'arte dell'Ottocento, dove si cominciava a respirare il fermento del progresso e dell'innovazione, con l'organizzazione dell'Esposizione universale del 1889. Nemmeno il viaggio a Parigi fu soddisfacente per Giuseppe Pellizza da Volpedo e nel 1890 fece ritorno in Italia, dove finalmente ci fu la svolta: scoprì il Divisionismo, metodo artistico che coltiva e che lo porta ad esporre insieme agli artisti Giovanni Segantini (1858-1899), Emilio Longoni (1859-1932) e Angelo Morbelli (1853-1919) alcune sue opere alla Triennale di Milano nel 1891 e alla Prima Biennale di Venezia nel 1895 con *Processione* (1893-1895) e *Ritratto della signora Sofia Abbiati* (1895) e nel 1902 alla Quadriennale di Torino con l'opera che lo ha reso famoso: *Il Quarto Stato* (1898-1901). Purtroppo, l'opera non sortì immediatamente l'apprezzamento di pubblico, cosa che indusse Giuseppe Pellizza da Volpedo a credere di dover concentrare le sue energie nella raffigurazione dei paesaggi. Invece si sbagliava perché il dipinto ottenne un grande apprezzamento quando nel 1905 se ne parlò sul settimanale *Avanti della Domenica*.

- Gaetano Previati (1852-1920) viene collocato tanto nel filone post-impressionista con il divisionismo quanto nel Simbolismo. Frequenta la Scuola di Belle Arti di Ferrara e in seguito continua la sua formazione a Firenze e successivamente all'Accademia di Brera. Sapevi che Gaetano Previati è stato anche illustratore per un racconto del maestro dell'horror Edgar Allan Poe?

Infine, una delle sue opere più famose che rispecchia la sua tecnica mista tra Divisionismo e Simbolismo è *Maternità* (1890) dipinto che ne decreta il successo e che diventa l'opera simbolo del Divisionismo.

Simbolismo

Il Simbolismo è un movimento artistico estremamente complesso e meraviglioso, uno di quei movimenti successivi al Post-impressionismo che abbraccia diverse forme d'arte spaziando dalla letteratura, alla musica, alla poesia e, naturalmente, al colore. È sempre stato presente nell'arte, anche prima dei movimenti artistici elencati fino a questo punto e durante il loro massimo periodo di fioritura, ma diventa ufficiale solo nel 1891 quando viene teorizzato.

A differenza degli altri movimenti artistici che hanno acquisito una loro definizione attraverso la critica, i simbolisti si sono attribuiti da soli questo appellativo e lo hanno fatto per manifestare il loro tentativo di scardinare gli schemi accademici e proporre un'arte diversa, non finalizzata ad offrire un messaggio o a voler insegnare qualcosa, ma semplicemente protesa alla condivisione dell'opera d'arte stessa attraverso la rappresentazione della dimensione più psicologica, onirica ed emotiva, anche quando il soggetto delle opere d'arte mette a nudo le ombre interiori.

Il Simbolismo è un movimento artistico non circoscritto unicamente all'ambiente artistico parigino, ma riesce a conquistare anche tante altre città. Si tratta di un'arte che alcuni hanno definito magica e, forse, un po' lo è davvero perché va oltre ciò che l'occhio può vedere. A essere rappresentata, è la reale introspezione, la dimensione spiritualistica, il mondo onirico, la sensazione generata da ciò che l'occhio vede, le emozioni che albergano nella mente e che sono impossibili da vedere all'esterno, quasi come se i dipinti si facessero strumenti per spiegare ciò che è impossibile da comunicare a parole. Tutto ciò avvicina il Simbolismo alla psicanalisi e, quando ha iniziato ad affermarsi, è stato percepito come una forma d'arte adatta alle persone più sensibili e più interessate ad approfondire ciò che si cela dietro le strambe forme irregolari e i colori sfumati che caratterizzano le opere d'arte. A esplicitare quanto detto, ci sono per esempio dei disegni realizzati dallo scrittore William Blake, al quale fu chiesto di provare a disegnare ciò che aveva visto nei suoi incubi, dai quali è nato *Fantasma di una pulce* (1810).

Le caratteristiche tecniche attribuite al Simbolismo si possono così elencare: ideismo, sintesi, soggettivismo e rappresentazione di temi derivati dalla natura. Ecco gli artisti più noti di questo movimento artistico sono:

- Gustav Klimt (1862-1918) è un artista di origini viennesi che ancora oggi, con i colori vivaci e le linee dei suoi dipinti, fa sognare tutti coloro che sono innamorati dell'arte e il suo stile unico è spesso fonte di ispirazione per le grafiche pubblicitarie o per le immagini dei brand più in voga. Lo conosciamo per il dipinto *Il bacio* (1907-1908), ma ci sono tante altre sue produzioni che hanno messo in evidenza il filone simbolista secondo il suo punto di vista.
  I soggetti da lui rappresentati, in maggioranza donne, si presentano con forme irregolari o a volte minuziosamente geometriche, con sfondi ricchi di colori vivaci che danno la sensazione di entrare in una dimensione onirica. Di umili origini e secondo di sette figli, insieme ai suoi fratelli maschi, intraprende la strada della pittura, ma solo le sue opere hanno avuto un enorme successo, tanto da essere ascritte tra i simboli dell'arte moderna. Nel 1897, fonda insieme ad altri artisti la Secessione viennese, un gruppo che voleva impegnarsi a liberare l'arte dagli schemi

accademici. Quando visitò l'Italia, restò affascinato dall'arte medievale e dalle tonalità auree e sgargianti dei mosaici di Bisanzio, che influenzarono incredibilmente il suo modo di dipingere, forse perché i colori dorati gli ricordavano l'attività di famiglia, ossia l'oreficeria. Qualunque sia stata la ragione di questo cambiamento, una cosa è certa: Gustav Klimt iniziò a realizzare parte di quella produzione che ne ha decretato il successo, con opere come *La Giuditta* (1901), *Il bacio* e *L'Albero della vita* (1908-1911).

- Arnold Böcklin (1827-1901) è un artista visionario, capace di arricchire le opere d'arte di un'atmosfera di fiaba, mito e mistero allo stesso tempo. Basta guardare una sua opera d'arte per immaginare immediatamente una storia, andando anche oltre l'osservazione delle linee, dei colori e delle forme dei soggetti raffigurati. Dopo essersi formato presso l'Accademia delle belle arti di Düsseldorf, anche lui si reca a Parigi per respirare l'atmosfera di progresso dal punto di vista artistico, ma la vera scintilla che determinerà il suo inconfondibile stile la troverà in Italia, dove fu amore a prima vista con la mitologia classica. A conquistarlo, sono state anche le caratteristiche del territorio italiano, che riproduce nei suoi dipinti mettendo in evidenza il clima mite, il sole caldo, la bellezza della campagna romana e di tutto ciò che la circonda, incluse parti delle antiche rovine. *L'isola dei morti* (1880-1886) è un dipinto che Arnold Böcklin ha proposto in ben cinque versioni e attorno al quale ruota un dilemma: c'è una località a cui si è ispirato di preciso? Si trova in Italia, in Croazia oppure altrove? Altre opere di questo artista sono: *Titone e Nereide* (1873-1874), *La peste* (1898), *Diana dormiente osservata da due fauni* (1877), *Euterpe con una cerva* (1872), *Lotta di centauri* (1872-73).

- Edvard Munch (1863-1944) è un artista di origini norvegesi. Le sue opere, forse più di tante altre associate al Simbolismo, riescono a creare una sorta di catarsi in chi le osserva, evocando sentimenti di angoscia, nostalgia, di soffocamento interiore. Tra le sue opere più note c'è, come sicuramente ben sai, *L'urlo* (1893), sul quale torneremo a breve per la curiosità che ti voglio svelare su questo dipinto. Tutte le produzioni di Edvard Munch sono caratterizzate dall'utilizzo del colore come mezzo per rendere protagonista l'emozione rappresentata e anche da qualcosa di sperimentale relativo alla fotografia e ai primi rudimenti di cinema. Per quanto riguarda *L'urlo*, le curiosità sono principalmente due: per molti anni, si è creduto che una frase in piccolo impressa sulla stessa tela e che screditava la prima versione del dipinto, che veniva considerato un lavoro che solo un pazzo poteva aver eseguito, fosse stata scritta da qualcuno che non apprezzava lo stile di Edvard Munch, ma alcuni studiosi hanno scoperto che era lui stesso l'autore di queste parole. Perché autosabotarsi in questo modo? Forse, la spiegazione sta forse in due ragioni: la prima è che la frase è stata scritta dopo aver conosciuto l'opinione di un medico che, nel vedere il dipinto, pensò che Edvard Munch avesse qualche rotella fuori posto. Edvard Munch si sentì offeso da questo giudizio, ma cercò di fare ironia scrivendo la frase. Adesso prendi il tuo telefono e guarda le emoticon: quella che rappresenta lo spavento non ti ricorda qualcosa? Ebbene sì, è probabilmente ispirata all'Urlo di Edvard Munch. Un'altra curiosità deriva dalle ragioni che hanno ispirato la realizzazione del dipinto: il soggetto non sta urlando perché è spaventato. Quello raffigurato è un urlo di stupore e di angoscia verso ciò di cui è capace la natura, quasi un desiderio di trovare riparo dalla sua azione, capace di mutare il colore del cielo, a renderlo rosso al sopraggiungere del tramonto.

- Odilon Redon (1840-1916), nome originale Bertrand-Jean, è stato uno degli artisti più enigmatici e complessi del Simbolismo. Si dice che ebbe un'infanzia difficile dovuta ad alcuni problemi di salute di natura fisica e psichica che lo portarono a vivere da emarginato, sotto il suggerimento di condurre una vita tranquilla senza troppi sforzi. Eppure, se è vero che da ogni cosa può nascere qualcosa di buono, grazie ai suoi disturbi comportamentali e a ciò che non riusciva ad esprimere a parole, venne fuori un modo di fare arte diverso, che iniziò ad esprimere già in giovane età mentre trascorreva il suo tempo giocando e osservando i paesaggi. La sua vita forzatamente tranquilla lo ha portato a sviluppare una tecnica artistica mai vista prima di allora e che lo ha fatto ascrivere di pieno diritto nella storia dell'arte nei capitoli dedicati al Simbolismo. I suoi disegni, i dipinti, i carboncini, le litografie erano carichi di enigmi e di soggetti bizzarri collocati in punti insoliti. Un esempio sono i ragni e gli occhi decontestualizzati e il dipinto *Ciclope* (1914), uno dei più noti. Odilon Redon è entrato in contatto anche con alcuni scrittori dell'epoca come Charles Baudelaire e il maestro del noir e dell'horror Edgar Allan Poe, al quale ha dedicato alcuni disegni.

Nei dipinti di Odilon Redon, si percepisce tutta la dimensione onirica, soprannaturale, spirituale tipica del Simbolismo e in queste righe possiamo elencare: *Autoritratto* (1867), *L'occhio, come un pallone bizzarro, si dirige verso l'infinito*, *Pegaso e le Muse* (1900), *Il ragno che piange* (1881), *Il ragno che sorride* (1888), *L'uovo* (1885).

- Giovanni Segantini (1858-1899), dopo un'infanzia travagliata trascorsa in riformatorio, andò a vivere con suo fratello Napoleone, che aveva un laboratorio di fotografia presso il quale il giovane Segantini, mentre lavorava come tuttofare, cominciò a scoprire il proprio interesse per la pittura, che lo portò a scegliere di studiare all'Accademia di Belle Arti di Brera. La sua formazione artistica ha ricevuto diverse influenze, tra le quali il Divisionismo e l'idea di scardinare i dettami accademici dell'arte per dedicarsi alla rappresentazione di opere più reali e naturali, tra paesaggi e raffigurazioni della maternità. Dopo aver ricevuto diversi riconoscimenti, la sua fama è arrivata anche all'estero, in particolare in Francia e in Inghilterra. Il successo ottenuto si trasforma così in un'opportunità per abbracciare le tendenze delle avanguardie artistiche. Tra le sue principali opere, ricordiamo: *Vanità* (1897), *L'Angelo della vita* (1894), *Alla Stanga* (1885), *Le due madri* (1889), *Ave Maria a trasbordo* (1886).

I MOVIMENTI ARTISTICI DELLA PRIMA METÀ DEL XX SECOLO

Espressionismo

L'Espressionismo si afferma in modo capillare nei primi del Novecento, storicamente nel 1905, soprattutto in Germania, ed è un movimento così definito per evidenziare la contrapposizione con l'Impressionismo e il naturalismo e per fare riferimento al concetto di deformazione. È un movimento artistico che era già presente anche negli anni precedenti e che già con artisti che abbiamo incontrato nel precedente capitolo ha iniziato a venire fuori. Van Gogh, Paul Gaugain, Edvard Munch sono alcuni dei pittori che hanno messo la loro arte anche a servizio dell'Espressionismo.

Con il termine Espressionismo, si vuole fare riferimento a quella che è stata definita l'arte de brutto perché, a differenza dei movimenti artistici precedenti, è un tipo di arte che, un po' anche sulla scia del Simbolismo, tende a dare forma a disegni, dipinti e ogni altro genere di arte figurativa partendo dal mondo interiore, usando anche particolari linee e colori forti.

Gli espressionisti vanno contro l'armonia tradizionale e mettono in secondo piano l'equilibrio tra le forme per evidenziare il concetto di deformazione e "dare sfogo all'urlo interiore".

Questo movimento, al pari del Simbolismo, si è diffuso in più parti del mondo, assumendo accezioni diverse. In Germania, questo movimento artistico esprime soprattutto il clima cupo e oscuro della guerra, tant'è che, con l'avvento dei nazional socialisti, gran parte delle opere d'arte espressioniste è stata distrutta.

La critica tedesca ha parlato per la prima volta di Espressionismo per indicare le inclinazioni artistiche volte a mostrare l'esagerazione nell'uso dei colori e di forme insolite che denotavano la soggettività degli artisti; tra l'altro, nel 1918, in Germania, nacque il *Novembergruppe*, un gruppo di artisti che si impegnava a dare voce al pensiero e alle esigenze private e professionali del popolo.

Come detto qualche riga sopra, l'Espressionismo si dirama in diversi micromovimenti artistici accomunati dalla libertà artistica priva degli schemi classici, che prendono nomi diversi a seconda delle aree dove vengono messi in atto.

Fauvismo

Il Fauvismo è il primo micromovimento d'avanguardia espressionista che si sviluppa in Francia a partire dal 1905. Gli artisti che facevano capo a questo movimento furono definiti in senso dispregiativo fauves, ossia belve, quando esposero le loro opere al *Salon D'Automne* di Parigi. L'appellativo fauves non fu proposto attraverso quella che oggi chiameremmo recensione o mediante un articolo di giornale, ma a voce, quando il critico d'arte Louis Vauxcelles, nel vedere una statua circondata dai dipinti fauvisti, affermò che ciò che stava guardando somigliava a una gabbia per le belve, una *cauge aux fauves*, un Donatello tra le belve.

I fauvisti prediligevano i colori forti. Lavorando sull'accostamento dei colori primari, ossia rosso, blu e giallo, i soggetti venivano rappresentati in maniera apparentemente spontanea: un volto, uno spazio, un oggetto non avevano più contorni decisi, ma davano l'impressione di fluttuare nel colore tra e linee e forme semplici, quasi elementari.

La genialità di questa tendenza artistica stava nel fatto che, nonostante linee e forme insolite, i soggetti raffigurati nei dipinti comunicavano una propria verità. Anche oggi, se ci soffermiamo a guardare un dipinto fauvista, ci accorgiamo che, da un lato, l'eccesso di colore e di semplicità cattura la nostra attenzione, ma, dall'altro, stimola un'interpretazione distaccata dalla realtà. Questo effetto è accentuato dall'uso casuale dei colori che presentano gli oggetti della realtà sotto una nuova veste: gli alberi rossi e il cielo giallo per fare un esempio.

I principali artisti collegati a questo movimento artistico sono:

1. Henri Matisse (1869-1954): un suo dipinto si riconoscerebbe tra mille per i toni del blu, del rosso, per le linee che quasi si avvicinano a una pittura elementare, quasi a degli schizzi.
Per il modo in cui ha saputo stimolare e coltivare il proprio talento e per la capacità comunicativa e gioiosa della semplicità delle sue opere, Henri Matisse viene considerato il caposquadra dei fauves. Secondo alcuni studiosi di arte, si sarebbe avvicinato tardi alla pittura, ma semplicemente perché, come avvenuto anche per altri pittori, ha intrapreso una carriera differente, ossia gli studi in legge per ambizioni di famiglia. Conduce la sua formazione in legge a Parigi e, una volta conclusi gli studi, inizia a lavorare come dipendente pubblico, ma, nel 1890, dopo un attacco di appendicite, trova il suo scintillio vero, la sua vocazione: dipingere. Si iscrive a un'accademia privata specializzata in pittura e scultura, dove segue le lezioni di insegnanti di stampo naturalista e realista. In seguito, viene favorevolmente influenzato dallo stile di Paul Cézanne, Paul Gauguin e Vincent Van Gogh, ma è un altro il pittore che ha determinato il futuro dell'ambizioso Henri Matisse: Pablo Picasso. Pur essendo in competizione, i due sono diventati grandi amici, confrontandosi e influenzandosi a vicenda; tra l'altro, anche Pablo Picasso poteva rientrare tra

i fauves, ma così non fu perché il suo stile, almeno nei primi anni, fu giudicato troppo idealista. Henri Matisse viene collocato nel movimento con il dipinto *Gioia di vivere* (1905-1906), ma il vero successo è arrivato con *La danza* (1909) e *La musica* (1910), due dipinti che gli furono commissionati da un mercante russo. Il suo dipinto la danza diventa così famoso che, nel 1930, riceve la commissione di realizzarne una seconda versione, intitolata *La danza II*, per un cliente americano. Più tardi, per motivi di salute è stato costretto a muoversi con l'aiuto di una sedia a rotelle, ma questo non lo ha demoralizzato e, anzi, è riuscito a rispondere alla sua creatività realizzando dei collage, soprattutto riferiti al mondo circense.

2. André Derain (1880-1954) è un altro grande pittore, e anche scultore, che scopre il suo vero talento solo dopo aver preso una strada diversa, ma non gli studi in legge come tante volte fino ad ora ti ho raccontato, bensì in ingegneria. Grazie agli Maurice de Vlaminck, insieme al quale ha aperto uno studio a Chatou, ed Henri Matisse, insieme a quale ha messo su tela i paesaggi di mare di Collioure, trova il coraggio di dedicarsi a tempo pieno alla pittura. Il suo non è il primo nome che spunta quando si parla di Fauvismo, ma anche i suoi dipinti sono meritevoli di attenzione, un po' per il modo di usare i colori e un po' per il modo in cui è riuscito a far risaltare la luce.

André Derain è considerato uno degli artisti che ha aperto il sentiero per la nascita di un successivo movimento artistico: il Cubismo. Infatti, non ambiva a voler far parte di un'etichetta artistica definita, ma voleva andare oltre per sperimentare nuovi modi di fare arte, intenzione che mette in pratica emulando Paul Cézanne e partendo dall'esempio dell'armonia compositiva e delle forme primitive di Paul

Gauguin. A partire dal 1906, inizia a dedicarsi alla scultura per approfondire l'interesse verso l'arte primitiva sperimentando l'uso di tecniche come l'arenaria e l'intaglio sul legno. Tra le sue maggiori opere, ricordiamo: *Ritratto di Henri Matisse* (1905), *Il ponte di Waterloo* (1906), *Porto* (1905), *Barche nel porto di Collioure* (1905), *Le bagnanti* (1905), la scultura *Nu debout* (1907).

3. Pierre-Albert Marquet (1875-1947) è un'artista che molto deve all'amicizia con Henri Matisse, fatta di influenze reciproche e sperimentazioni artistiche. Gli esperti ritengono che la pittura dei primi tempi di Pierre-Albert Marquet sia più in linea con l'impressionismo, nonostante si sia avvicinato al Fauvismo quando nel 1905 ha preso parte al Salon D'Automne con i suoi dipinti. A differenza degli altri esponenti del Fauvsismo, questo artista ha lavorato con colori meno forti e con una predominanza del grigio. Grande effetto sulla prosecuzione della sua carriera artistica lo ha determinato un viaggio a Napoli, dove il mare è diventato la sua fonte di ispirazione. Tra le sue maggiori opere ricordiamo: *Caffettiera* (1903), *La spiaggia di Fécamp* (1906), *Il cavalletto* (1943).

Die Brücke

Die Brücke, ossia il ponte, è una branca dell'Espressionismo che si afferma in Germania. A differenza del Fauvismo, i colori non sono vivaci, ma tendono a rappresentare il malessere interiore e la tristezza. Ciò non deve far pensare che questa caratteristica renda di minore considerazione questo movimento artistico perché è uno dei più ricchi e più belli della storia dell'arte ed è anche quello che più rappresenta l'Espressionismo.

Sai perché questo movimento artistico, sorto a Dresda il 7 giugno 1907, si chiamava "Il ponte"? Ci sono due risposte: la prima riguarda *Così parlò Zaratustra* di Friedrich Nietzsche e la seconda richiede una spiegazione più lunga. Gli artisti che hanno fondato il movimento *Die Brücke*, composti da un gruppo di studenti di arte che si incontravano ogni giorno in un ex salone di barbiere per confrontarsi, avevano come scopo quello di creare un ponte tra le persone, un passaggio tra vecchio e moderno e farsi portavoce di uno stato d'animo di insofferenza verso la vita urbana, che percepivano come aggressiva, soprattutto per l'aria cupa che si respirava a causa del sopraggiungere della Prima Guerra Mondiale. Questi artisti, desiderosi di una vita più semplice, hanno definito il loro stile ispirandosi all'arte primitiva africana e dell'Oceania. La tecnica pittorica che ne è derivata ha raccolto le seguenti caratteristiche: una semplicità grezza, con linee volutamente distorte e figure spigolose, colori spalmati e densi e un'esagerazione nella rappresentazione di alcuni elementi dei dipinti. Tra l'altro, il tentativo di comunicare il senso di angoscia interiore attraverso forme e linee distorte, talvolta, faceva apparire i dipinti delle caricature; inoltre, gli esponenti di questo movimento artistico hanno spesso usato la xilografia e creato una collaborazione con alcune testate per far circolare le stampe dei propri disegni e condividere il loro punto di vista con un pubblico più vasto.

Tra gli artisti che hanno fondato il *Die Brücke*, possiamo elencare:

- Ernst Ludwig Kirchner (1880-1938): pittore, scultore e incisore, approccia alla sua vena artistica sin da giovanissimo, incanalando il suo interesse verso l'arte su più fronti, seguendo sia corsi di architettura che corsi di pittura nei primi anni del Novecento, periodo in cui si appassiona al tratto pittorico di Edvard Munch, Paul Gauguin e Vincent Van Gogh, che catturano la sua attenzione per la capacità di adoperare il colore in modi fuori dagli schemi e lavorando secondo la soggettività. Seguendo questo orientamento, inizia a investire le sue energie verso la creazione di un'arte da usare come mezzo di espressione delle emozioni e della condizione psicologica, decidendo di avviare il *Die Brücke*. Tra le sue maggiori opere, possiamo ricordare: *Ragazza sotto un ombrello* (1909), *Autoritratto da soldato* (1915), *Cinque donne per strada* (1913), *I pittori della Brücke* (1925).

- Eric Heckel (1883-1970) si può raccontare come artista partendo dal liceo che ha frequentato, il liceo classico a Chemnitz, perché è qui che ha conosciuto Karl Schmidt-Rottluf. Entrambi erano ignari che sarebbero diventati due dei maggiori rappresentati dell'Espressionismo tedesco. Dopo il diploma nel 1904, Eric Heckel intraprende gli studi in architettura all'Università di Dresda, dove il destino lo fa incontrare con un altro simbolo dell'Espressionismo tedesco: Ernst Ludwig Kirchner. Forse per dedicarsi a tempo pieno alla pittura, Eric Heckel non completa gli studi in architettura, ma preferisce investire le sue risorse nella realizzazione dei dipinti, che per la maggior parte avranno come soggetto i paesaggi. C'è una curiosità su di lui molto simpatica: quando trascorreva il suo tempo all'aria aperta per trarre ispirazione dalla natura, non creava dei bozzetti da completare poi con calma in uno studio, ma memorizzava tutto mentalmente! Se ogni suo dipinto sia frutto di una memoria di ferro non lo sappiamo, ma tra quelli più noti possiamo elencare: *Bagnanti tra i canneti* (1909), la xilografia realizzata nel 1912 conosciuta come *Stralsund*, *Marzella* (1909-1910), *Ritratto* (1915).
- Karl Schmidt-Rotluff (1884-1976) è stato anche lui non solo pittore, ma anche incisore. Le sue opere d'arte sono

denotate da una semplicità espressiva nelle forme, accostate a colori più forti. Tra i suoi maggiori lavori, possiamo elencare: *Case di notte* (1912), *Ritratto di Emy* (1919), *Sun over the Pine Forest* (1913).

Der Blaue Reiter

Il *Der Blaue Reinter*, ossia il Cavaliere Azzurro, è un ulteriore frammento dell'Espressionismo, così indicato perché rappresenta la libertà e la spiritualità e si ispira a un'opera realizzata dallo stesso Vasilij Kandinskij, che fondò questo gruppo insieme a Franz Marc a Monaco nel 1911. Questo filone artistico durò poco e si concluse nel 1914. Fu un periodo breve ma intenso perché il gruppo di artisti che lo rappresentava, attraverso le mostre che si tenevano tra Monaco e Berlino, iniziò a farsi conoscere dal pubblico attraverso opere che mettevano a nudo la libertà di espressione più totale. Il messaggio che volevano far passare era che l'arte doveva essere l'opposto della rappresentazione del reale e che bisognava concentrarsi sulle immagini astratte per dare spazio alle emozioni; in tal senso, questi artisti si sono soffermati sul rapporto spirituale con la natura, che l'artista non doveva raffigurare riproducendo fedelmente ciò che osservava, bensì giocando con i colori, attraverso linee semplici e luci non finalizzate a un preciso messaggio, ma a una sperimentazione da parte degli artisti. A differenza delle altre branche dell'Espressionismo, l'arte del Cavaliere azzurro si è distinta per la predominanza dell'azzurro e per una maggiore valorizzazione di altre forme d'arte, soprattutto la musica.

Tra i maggiori esponenti di questo filone artistico, si ricordano:

- il già nominato Vasilij Kandinskij (1866-1944), che è doppiamente importante in questo contesto perché, oltre a contribuire alla nascita del Cavaliere azzurro, è con lui che emerge il concetto di pittura astratta. Sai che Vasilij Kandinskij ha scoperto la sua passione per l'arte durante un viaggio In Italia? Si trovava a Venezia e fu folgorato dalla magia delle luci notturne che si riflettevano sull'acqua.
Prima di istituire il *Der Blaue Reiter*, ha fondato anche due associazioni: una di nome *Phalanx* e una di nome *Neue Künstlervereinng München*, Nuova Associazione degli artisti di Monaco. Questo artista si ricorda per i dipinti ispirati agli strumenti musicali, che ha realizzato per esaltare il mondo interiore delle emozioni, dando a chi guarda l'impressione di un legame tra gli strumenti musicali e le varie sfumature emozionali. Kandinskij è stato anche autore di alcuni libri di teoria pittorica come *Lo spirituale nell'arte* pubblicato nel 1912 e *Punto, linea, superficie* pubblicato nel 1926, volumi dove esprime il suo punto di vista sull'arte e anche sul connubio tra arte e musica. Tra le sue opere principali, ricordiamo: *Il cavaliere azzurro* (1903), *Paesaggio bavarese con chiesa* (1908), *Composizione X* (1939).
- Franz Marc (1880-1916): i suoi dipinti sono alcuni tra i più peculiari del *Der Blaue Reiter* perché hanno come soggetto gli animali e tutti con un proprio simbolismo. La ragione di questa scelta artistica si trova nel desiderio di rifuggire dagli uomini spietati che abitano il mondo e di elogiare gli animali perché dotati di un animo innocente e puro. In questo modo, forse anche per la sua formazione teologica, Franz Marc ha creato una forma d'arte spirituale, tra cani, cervi, mucche e cavalli, attraverso una codificazione simbolica dei colori puri tipici degli espressionisti: il blu era

indice di mascolinità, il giallo di femminilità e il rosso la forza. Secondo gli esperti, infatti, i dipinti di Franz Marc vanno osservati dal punto di vista dell'energia, considerando gli animali raffigurati nei dipinti come il simbolo della fugacità delle cose, per comprendere che ogni essere a contatto con la natura è abbracciato dall'unica cosa permanente esistente, ossia l'energia, che veicola il flusso delle cose. Gli animali che più rappresentano Franz Marc sono i cavalli di colore blu, in particolare quelli raffiguranti nel dipinto *La torre dei cavalli azzurri* (1913).

- August Macke (1887-1914): è nel 1907 a Parigi che si avvicina all'arte partendo dal movimento impressionista. In seguito, in Germania, ha continuato ad esercitarsi emulando anche lo stile post-impressionista e approcciando al Fauvismo. Dopo aver conosciuto Franz Marc e Vasilij Kandinsky, si unisce al *Der Blaue Reiter*, ma il suo destino artistico è però più proiettato verso il Cubismo, e successivamente anche al Futurismo, quando, a Parigi, nel 1912, conosce Robert Delaunay (1885-1941). Ad ogni modo, non si è interessato solo di arte intesa come dipinti, ma anche di teatro e di produzione di scenografie. Dal punto di vista puramente pittorico, le sue opere si distinguono da quelle dei suoi colleghi per una propensione a rappresentare il contesto quotidiano. Tra le sue principali opere possiamo ricordare *La signora con il vestito verde* (1913).

- Un libro d'arte non è tale se non parla anche di lui perché Paul Klee (1879-1940) è uno degli artisti più apprezzati del ventesimo secolo. Di solito, si dice che il talento salta una generazione, ma nel caso di Paul Klee l'arte è proprio di famiglia perché i suoi genitori erano insegnanti di canto e di musica, fattore che lo ha fatto entrare in contatto con l'arte sin da subito, soprattutto con la musica, tanto da diventare un violinista e non solo!

Ha studiato presso l'Accademia di Belle Arti di Monaco di Baviera, ha incontrato Vincent Van Gogh e Paul Cézanne e in seguito alcuni degli esponenti del *Der Blaue Reiter*, ma anche Pablo Picasso e Georges Braque. Pur seguendo la filosofia del gruppo del Cavaliere Azzurro, la sua arte si distingue per creazioni di stampo satirico e stravagante.

Prima di conoscere alcune delle sue opere, ecco una curiosità su Paul Klee: sapevi che quando è stato nell'esercito tedesco durante la Prima Guerra Mondiale dipingeva le ali degli aerei? Inoltre, anche lui ha scritto dei libri di teoria dell'arte per esprimere il suo punto di vista, in particolare il saggio *Confessione creatrice* pubblicato nel 1918. Tra l'altro, di lui sappiamo che amava i gatti, chissà, forse oggi sarebbe uno di quelli che sui social crea profili dedicati a questi adorabili felini. E ora vediamo per quali opere d'arte è principalmente ricordato: *Angelus Novus* (1920), *Palloncino rosso* (1922), *Paesaggio con uccelli* (1923).

Cubismo

Il Cubismo inizia nel 1906, secondo le fonti storiche, forse 1907 considerando le *Damoiselles d'Avignon* di Pablo Picasso, anche se il termine comincia a diffondersi in modo capillare tra il 1910 e il 1911. É un movimento artistico che segna la vera rivoluzione nel campo delle arti figurative, quasi come se i movimenti precedenti avessero offerto ognuno a modo proprio un tentativo per stravolgere l'arte e che il Cubismo ha messo in pratica. Prima di proseguire nella definizione di Cubismo, va detto, come è intuibile anche dalla data di collocazione storica, che alcuni movimenti sono a volte stati più o meno paralleli, ragione per cui potremmo anche parlare di tendenze e di contaminazioni più che di veri e propri movimenti.

Il Cubismo è un passo avanti significativo, che scardina realmente le regole tradizionali dell'arte ed è il movimento artistico che ci ha dato l'onore di apprezzare un genio indiscusso: Pablo Picasso. Ora però andiamo in ordine e vediamo quali sono i fattori che hanno portato gli studiosi di arte a ritenere importante il Cubismo:

1. il primo dei fattori è sicuramente l'uso della prospettiva, che non si concentra più su un solo punto di vista, ma diventa variegata. I soggetti rappresentati sui dipinti vengono scomposti e rappresentati con punti di vista differenti, andando a stravolgere il concetto di spazio-tempo; per fare un gioco di parole, questo cambiamento di prospettiva ha creato un reale distacco con l'arte del passato. Con il Cubismo si inaugura una fase caratterizzata da una nuova dimensione dello spazio, che viene scardinata attraverso gli oggetti che non vengono semplicemente riprodotti, ma

vengono impressi e disegnati così come dettano l'istinto, le emozioni e la fantasia dell'artista. Anzi, è forse proprio un uso più ampio della prospettiva, come indicano tutti i contenuti dedicati al mondo dell'arte, il tratto distintivo del Cubismo. Questa caratteristica è stata interpretata come la possibilità, da tempo ricercata dagli artisti, di rappresentare la verità in toto e non solo una parte. Ti faccio un esempio: immagina un pittore che ti chiede di posare per un suo dipinto e di metterti di profilo; in questo caso, sulla tela ci sarà una perfetta riproduzione di una parte del tuo volto, ma non nella sua interezza;
2. il critico d'arte Jacques Rivière ha affermato che, a differenza dei filoni artistici che privilegiavano il più possibile l'uso della luce e di determinati colori, la modalità raffigurativa del Cubismo, caratterizzata da monocromaticità, era molto più veritiera e vicina alla realtà;
3. i colori più usati nel Cubismo, in particolare quello analitico, sono ocra e grigio, considerati adatti per enfatizzare il volume;
4. il distacco dal Realismo è un altro fattore distintivo del Cubismo; in particolare, i cubisti volevano superare il concetto di mimesi classica e naturalistica dei dipinti;
5. i Cubisti si ispiravano allo stile dell'arte primitiva;
6. il Cubismo ha presentato un'arte di tipo infantilista e istintivo, vale a dire una produzione quasi impulsiva, apparentemente elementare, che, paradossalmente, si perde con la maturità e che diventa difficile da riprodurre;
7. il Cubismo è suddiviso in diversi periodi: il cubismo primitivo, il cubismo analitico e il cubismo sintetico, che ti spiego nel dettaglio nel paragrafo successivo;
8. se i movimenti artistici precedenti hanno posto l'accento sull'importanza del colore e della luce, con il Cubismo si

gioca con le forme, che diventano aperte e, come detto nel punto uno, proposte con prospettive diverse;
9. il Cubismo ha determinato il riconoscimento ufficiale dell'astrattismo, che consiste nell'adoperare i segni come forma d'arte; in tal senso, per i cubisti, il tema raffigurato viene messo in secondo piano per valorizzare la tecnica pittorica adottata;
10. anche se il cubismo si è diramato in tante direzioni, come ti racconterò in un paragrafo dedicato, ci sono dei temi comuni che sono: i ritratti, quasi sempre busto e mezzo busto, paesaggi, sia urbani e sia naturali, nature morte e figure geometriche.

Quando mi sono approcciato alle ricerche sul Cubismo, mi sono chiesto: perché proprio Cubismo? Che cosa si intende? Ci sono forse artisti che dipingono sui cubi? Forse le tele hanno la forma di un cubo? No. Però i cubi fanno parte del discorso e adesso ti spiego perché. Innanzitutto, il termine fa riferimento agli artisti che esponevano le proprie opere presso la *Sala 41* del Salon des Indépendants. Ok. E quindi perché si dice Cubismo? Non poteva chiamarsi prospettivismo? Ti dirai.

Il critico d'arte francese Louis Vauxcelles rese popolare il termine parlando di bizzarrie cubiste dopo aver visto i paesaggi che Georges Braque aveva dipinto nel 1908 in *L'Estaque* come emulazione di Paul Cézanne. Non è però questa la ragione che spiega perché si parla di Cubismo. Non c'è stato nessun critico che ha scelto questo nome per poter dare il suo giudizio su una serie di dipinti che seguono tutti più o meno la stessa linea, né tantomeno c'è stato uno degli artisti aderenti a questo filone artistico che ha deciso di usare questo nome per distinguersi dagli altri. No. Sembra si sia trattato di una cosa spontanea, dovuta a Henri Matisse che, un anno prima che Louise Vauxcelles rendesse noto il termine Cubismo, restò un po' incerto di fronte a un dipinto di George

Braque, al quale si dice collaborò anche Pablo Picasso, ossia un paesaggio nelle tonalità del verde e del giallo dove prevaleva la presenza geometrica di forme cubiche. Anche in questo caso, quasi come se i giudizi negativi iniziali portassero fortuna, nessuno poteva immaginare il grande successo che avrebbero avuto i Cubisti. Va detto, però, che Louise Vauxcelles apprezzò lo stile, forse perché già in precedenza aveva criticato i fauves!

Le fasi del cubismo

Il Cubismo ha attraversato diversi momenti, ognuno caratterizzato per una differente modalità di costruzione o riproduzione delle forme in base alla realtà visiva, talvolta surclassata da quella immaginativa.

- C'è una fase del Cubismo ispirata al Paul Cézanne e che viene detta Proto-cubismo o Cubismo formativo. Anche nel paragrafo a lui dedicato, ti ho accennato al fatto che Paul Cézanne è considerato un precursore del Cubismo e, anzi, la sua tecnica pittorica è considerata il punto di partenza di questo movimento artistico, poiché lui stesso si concentra su un'interpretazione geometrica della realtà e della natura tra sfere, coni e cilindri; in più, Paul Cézanne è stato uno dei primi a superare le regole della prospettiva unica.
  Sono Pablo Picasso e Georges Braque a nutrire una forte ammirazione verso Paul Cézanne, poiché restano affascinati dalla base geometrica presente in alcuni dipinti, soprattutto le nature morte, e decidono di emularlo.
  Considerando gli aspetti dello stile di Paul Cézanne, Pablo Picasso si mette alla prova con *Les demoiselles d'Avignon* e Georges Braque con *La mandola* (1910). Facendo

riferimento a quanto ho letto in un manuale di storia dell'arte moderna, lo stile di Paul Cézanne ha rappresentato per entrambi una sorta di percorso autodidatta poiché è attraverso i suoi dipinti che hanno imparato a osservare e a considerare diversamente il rapporto tra lo spazio e gli oggetti presenti in un disegno, senza trascurare la forza comunicativa e le emozioni.

Alla fase di Paul Cézanne si associa il Cubismo analitico (1909-1911). È proprio lui che comincia a sperimentarlo quando decide di distaccarsi dallo stile impressionista e dal lavoro sulla luce. Questa fase del Cubismo è detta analitica perché analizza, scompone e riformula la realtà tra colori e nuove geometrie.

- Il cubismo sintetico (1911-1921) introduce la sperimentazione sulla bidimensionalità dello spazio e lavora di più sull'accostamento alla realtà, ma non bisogna fare confusione con una riproduzione veritiera della realtà come lo è stato per alcuni movimenti artistici precedenti. Questa fase si distingue da quella analitica per l'introduzione degli oggetti sul dipinto con uno stile apparentemente disordinato che li fa apparire come pezzi presi qui e lì e incollati a caso. Oltre a Pablo Picasso, per esempio con *Natura morta con sedia impagliata* (1912), e Georges Braque, un artista che ha sperimentato il cubismo sintetico è Juan Gris (1887-1927), lavorando su una sorta di separazione tra forma e colore.

- Il Cubismo scientifico consiste nella realizzazione stilistica che mette da parte la realtà per far prevalere l'intuito, producendo una struttura che non è derivata da ciò che si vede normalmente, bensì da ciò che l'artista vede dentro di sé.

- E adesso ci divertiamo. Abbiamo visto che con il Cubismo si supera la prospettiva unica, si dipinge da diversi punti di vista e si punta alle geometrie e al vissuto interiore dell'artista andando verso l'astrattismo, ma, attenzione, esiste anche una tendenza del Cubismo che si concentra sulla rappresentazione visiva e non sull'immaginazione. Si tratta del cubismo fisico. Con cubismo fisico si fa riferimento alla scomposizione delle forme della realtà visiva per creare nuove strutture sulla tela. Il cubista che si è maggiormente dedicato a questo stile è Henri Le Fauconnier (1881-1946).
- Il cubismo orfico (1912-1920) parte sempre dalla costruzione di nuove strutture attraverso la realtà visiva, ma a prevalere è l'immaginazione dell'artista, che si sofferma anche sull'estetismo puro. Pablo Picasso ha sperimentato anche questo stile, lavorando soprattutto sulla luce; oltre a lui, si sono interessati a questa fase del Cubismo anche Fernand Léger (1881-1955), Francis Picabia (1879-1953) e Marcel Duchamp (1887-1968).
- Il cubismo istintivo, come suggerisce anche il termine, lavora interamente sull'immaginazione per la costruzione di nuove strutture.

Altri concetti chiave del Cubismo sono:
1. la frammentazione dello spazio, che consiste nella suddivisione dello spazio in forme geometriche aperte, che vengono definite brandelli di spazio;
2. cloissonnisme, che consiste nella demarcazione dei bordi;
3. frantumazione degli oggetti rappresentati;
4. frammentismo, tipico del cubismo analitico e che consiste nel dipingere solo un frammento di ciò che viene proposto sulla tela. Questo concetto corrisponde al discorso della

prospettiva che abbiamo visto nei dieci fattori distintivi del Cubismo. In aggiunta a ciò che ti ho già detto, la caratteristica del frammentismo è che i tempi di rappresentazione delle diverse angolazioni variano, poiché, per dipingere ogni lato, la posizione dell'artista che dipinge varia.

Pablo Picasso e Georges Braque: oltre il Cubismo

Gli artisti che hanno partecipato al Cubismo sono veramente tantissimi ed è per questo che qui ne incontriamo solo alcuni, che però hanno avuto una vita così interessante da farti dimenticare gli altri che non ci sono: e quindi eccoci a parlare di Pablo Picasso e di Georges Braque.

Sai qual è la prima curiosità su questi due geni dell'arte? Che non hanno mai preso parte a nessuna mostra cubista per evitare di essere associati a una precisa etichetta.

- Pablo Picasso (1881-1973) è colui che si può definire il classico visionario per il contributo che ha dato nella costruzione del simbolismo dell'arte moderna e anche contemporanea se consideriamo che ancora oggi i suoi dipinti, o meglio le imitazioni di questi, sono esposti in luoghi di ritrovo e sono spesso parte dell'arredamento, di chi ama il genere naturalmente. Di certo, la firma del suo pennello è riconoscibile tra mille, pensiamo per esempio a *Guernica*. Da dove posso partire per raccontarti qualcosa di lui? Inizio dicendoti che non amava molto farsi intervistare e che di rado ha concesso delle interviste perché preferiva letteralmente comunicare attraverso l'arte. Celebre è la sua frase, spesso inserita nei testi motivazionali, in cui si esalta il fatto che non sarebbe diventato semplicemente un bravo pittore, perché lui sarebbe diventato Pablo Picasso. Aveva ragione. Lui era davvero Pablo Picasso ed è stato molto più che un pittore, perché era bravissimo anche nella scultura e ha molto amato anche altre forme d'arte come il balletto, il teatro e il cinema. Non ci credi? E allora continua a leggere per conoscere qualche curiosità su questa leggenda della storia dell'arte!

Originario di Málaga, Spagna, nasce già nel campo dell'arte, perché suo padre era professore di disegno. Nel 1900, si trasferisce a Parigi insieme a un suo carissimo amico ed è nei primi anni nella capitale francese che inizia a sperimentare l'arte, partendo da dipinti che vedono protagonista la vita notturna. L'anno seguente, a seguito di una delusione d'amore, il suo amico si suicida e questo avvenimento influisce sul suo modo di fare arte, che viene definito periodo blu per distinguerlo da quello rosa che arriverà più tardi. Il periodo blu, durato dal 1901 al 1904, è così definito perché, un po' per il bisogno di rappresentare la drammaticità e lo scoramento che prova per il suo amico e un po' per contrapporsi alle scelte cromatiche dell'Impressionismo, Pablo Picasso predilige le tonalità del blu nei suoi dipinti. Due dei più conosciuti sono *Autoritratto con cappotto* (1901-1902) e *L'uomo con la chitarra* o *Il vecchio chitarrista cieco* (1903-1904) che merita un approfondimento: in questo dipinto di Picasso, è stata trovata la sagoma di una testa, insieme ad altre forme visibili attraverso specifici strumenti radiografici. La supposizione proposta dai ricercatori che se ne sono occupati è che, forse, Pablo Picasso abbia sovrapposto più immagini per evitare di sprecare le tele. Un altro dipinto di Picasso che custodisce un mistero simile è *La camera blu*

(1901). Dopo accurate ricerche svolte con le apposite strumentazioni e mettendo l'opera in una posizione diversa, è stata rinvenuta la traccia del disegno di un uomo con la barba e l'espressione dubbiosa, insieme al dettaglio di gioielli e accessori. Secondo gli esperti, probabilmente, l'uomo del ritratto potrebbe essere il commerciante Ambrose Vollard, che offrì a Pablo Picasso l'opportunità di allestire la sua prima mostra.

Il periodo rosa inizia nel 1904. È una fase in cui Pablo Picasso sostituisce l'azzurro con il rosa, quasi come un segno di rinascita, e durante la quale si diletta nella raffigurazione di scene del circo per rappresentare la parte più vera e, talvolta, patetica della realtà.

Nel tempo, per il suo desiderio di apprendere e sperimentare, Pablo Picasso tenderà spesso e con successo a passare da uno stile all'altro, creando di volta in volta diversi periodi e abbracciando più di un movimento artistico. Mentre si avvicina anche al Fauvismo, nel 1906 inizia il suo periodo africano perché si appassiona all'arte africana e la utilizza per dipingere *Les demoiselles d'Avignon* (1907) e continuare la sua ricerca verso le forme di espressione rivolte allo specchio di una realtà misera, degradante; durante questo periodo, comincia a realizzare disegni in cui corpi e volti sono deformati con spigoli.

Durante la fase cubista, insieme a Georges Braques sperimenta l'utilizzo di nuovi materiali con l'obiettivo di enfatizzare la comunicabilità delle opere d'arte. Infatti, mentre il primo si cimenta nella miscelazione del colore con sabbia o con gesso per aumentare il volume della pittura, Pablo Picasso va oltre e si mette a utilizzare carboncini, pezzi di carta, cartoncini e fogli di giornale e addirittura chiodi o pezzi di legno sulle opere d'arte per evidenziare l'astrattismo. Un esempio è *Natura morta con sedia impagliata* (1912).

La fase neoclassica di Pablo Picasso ha inizio nel 1921 quando ritrova interesse verso la rappresentazione della figura umana grazie a un viaggio in Italia. Infine, nel 1925 i suoi lavori danno avvio a quella che nei libri di storia dell'arte viene definita fase surrealista.

Prima di raccontarti qualcosa di George Braques, c'è ancora qualche riga che merita di essere dedicata a Pablo Picasso: *Guernica* (1937), forse uno dei suoi dipinti più conosciuti, di quelli che lo guardi e dici "Questo è Picasso!".

Guenirca è un dipinto a tema sociale e che fa riferimento alla barbarie umana che si è verificata in Spagna durante la guerra civile del 1936, quando i repubblicani lottarono contro i fascisti del generale Franco. La violenza è tale che, in occasione dell'Esposizione Universale di Parigi del 1937, Pablo Picasso realizza *Guernica*, un dipinto dedicato a una città di origine basca bombardata dai tedeschi e che visse un'ecatombe perché a essere colpite furono le persone comuni che stavano facendo compere al mercato. Scosso da quanto accaduto, attraverso le forme spigolose e astratte del Cubismo, Pablo Picasso ha creato un olio su tela, con le immagini che diventano le metafore di tutto il dolore provato per l'avvenimento e per opporsi al Fascismo. Su questo punto, c'è anche un aneddoto molto famoso: quando una guardia fascista gli chiese chi avesse creato quel dipinto, Pablo Picasso rispose: siete stati voi!

Georges Braque, (1882-1963): fu Pablo Picasso a trasmettergli l'interesse verso l'arte africana e, come il suo amico e collega, aveva sperimentato la creazione dei collage. Della sua vita privata, sappiamo che è cresciuto a Le Havre, in Normandia, dove ha studiato presso una scuola serale di arte prima di trasferirsi a Parigi, dove continua la sua formazione artistica, inizia qualche collaborazione per fare esperienza e dove si avvicina anche al Fauvismo. Quando scopre lo stile di Paul Cézanne e incontra anche Pablo Picasso, inizia il suo percorso verso il cubismo, che interrompe quando viene chiamato a combattere durante la Prima guerra mondiale, evento che, al suo ritorno dal fronte a causa di una ferita, lo spinge a ritornare in Normandia e a dipingere i paesaggi e la figura umana, senza abbandonare del tutto la sua tendenza cubista, tanto che i critici e gli esperti d'arte hanno definito cubismo curvilineo la sua tecnica di raffigurazione umana.

Le sue opere sono state considerate spesso complesse, tanto che solo conoscendo il titolo relativo era possibile ottenere un'interpretazione di ciò che veniva raffigurato; in più, era solito ricreare più di una variante dello stesso soggetto.

Tra le sue maggiori opere, possiamo ricordare: *Il Porto di La Chotat* (1907), *Strada all'Estaque* (1906), *Il Porto in Normandia* (1909), *Uomo con violino* (1912), *Natura morta con carte da gioco* (1913), *Pazienza* (1942).

Futurismo

Si può iniziare a parlare di Futurismo pensando a una serie di parole chiave, per esempio movimento, dinamismo, velocità, energia vitale, ribellione, irrazionalità, connubio tra arte e vita, arte a portata di tutti e non solo esposta nei musei, voglia di cambiare il mondo, passione per il suono del movimento meccanico.

Per parlare di futurismo, si può anche partire da un aneddoto che mi ha molto colpito. Si tratta di Filippo Tommaso Marinetti, poeta e scrittore e fondatore del Futurismo. Ho letto che questa spinta propulsiva ed energica che negli anni lo ha portato a maturare l'idea di fondare questo movimento artistico d'avanguardia è partita quando, da piccolo, suo padre lo gettò in acqua affinché imparasse a nuotare. Poi, naturalmente, il tempo deve aver fatto il suo corso e lui deve aver lavorato e studiato molto per avere la capacità di definire punto per punto il manifesto del Futurismo. Infatti, seguendo i principi di cui ti dirò tra poco, il 20 febbraio 1909, Marinetti fece pubblicare su *Le Figaro* gli undici punti che presentavano il suo movimento artistico d'avanguardia; in realtà, c'è stato più di un Manifesto del Futurismo a seconda dei diversi ambiti. In Italia, il Manifesto viene pubblicato nel 1911 dai massimi rappresentati del movimento, di cui ti parlerò a breve.

I punti elencati nel Manifesto futurista non erano definiti da un istinto o da qualche idea nata per gusto personale, ma avevano una base più profonda che si ispirava ai punti di vista di Friedrich Nietzsche, Henri Bergson, Émile Zola e Gabriele D'Annunzio, per citarne solo alcuni, poiché il Futurismo si è esteso in maniera capillare in tanti altri ambiti come la letteratura, la musica e il cinema.

Leggendo *Le Figaro,* avrai pensato che anche questo filone artistico abbia avuto origine in Francia e invece no: il manifesto è stato pubblicato a Parigi perché i futuristi consideravano questa città l'apoteosi della modernità, ma il Futurismo è un movimento italiano al cento per cento e nato a Milano, dove c'era addirittura un ristorante che si ispirava alla filosofia di questo movimento. Pensa che i futuristi proposero anche un nuovo design di cucine con degli aerobanchetti al posto dei comuni tavoli e si suggeriva di servire gli antipasti in bucce d'arancia vuote, con all'interno dei salumi. Come puoi ben intuire, c'è davvero tanto da dire in merito a questo movimento.

Il Futurismo parte dal Cubismo, al quale si ispira e che cerca di superare per dare sfogo al concetto di movimento, dinamismo e astrattismo. Il Futurismo parte da una forza propulsiva che fa di tutto per poter rompere con il passato e guardare verso il Futuro, verso il nuovo. Considera anche che siamo in pieno Novecento e quindi un po' ovunque c'è l'immissione nel mercato di innovazioni come il telefono, le automobili e si introduce il concetto di catena di montaggio. È un momento in cui si avverte uno spirito di cambiamento molto più di quanto è accaduto con i movimenti artistici che abbiamo visto fino a questo momento.

Per darti un'idea di quanto fosse forte e provocatorio il richiamo del Futurismo, coloro che se ne sentivano messaggeri affermavano di essere composti da un gruppo di persone dove i più vecchi avevano trent'anni, motivo per il quale quando anche loro, anni dopo, sarebbero stati surclassati da altre persone più giovani e valide di loro, queste avrebbero anche potuto gettarli via, credo per interpretare l'intenzione di guardare sempre oltre e verso il nuovo.

In prevalenza, i futuristi ponevano attenzione su ciò che riguardava i cambiamenti della modernizzazione, le sommosse dei lavoratori, i cantieri pieni di luce elettrica, ma anche l'introduzione di strumenti mai visti prima come automobili da corsa, aeroplani e tutto ciò che stava determinando un veloce passaggio alla società moderna.

In tal senso, torniamo un attimo indietro al Cubismo: ricordi quando abbiamo visto che tutto si basava su uno sradicamento della prospettiva e della rappresentazione dei soggetti da punti di vista diversi? Bene. I futuristi si concentravano sulla frenesia della vita moderna, che entrava nei dipinti attraverso un lavoro stilistico sul volume e sull'intersecazione dei piani. Volevano addirittura cambiare il nome ai colori, per esempio, chiamando giallissimo il giallo e bluissimo il blu, intenzione che veniva espressa nella moda attraverso abiti dai colori sgargianti; anzi, erano così immersi nella loro ideologia che alcuni di loro andavano a Parigi per acquistare degli accessori di vestiario più vivaci.

Tra l'altro, per quanto questo sia un libro che si concentra soprattutto sulle arti figurative, una piccola parentesi su ciò che stava avvenendo in letteratura è doverosa, perché è in questo momento che iniziano esperimenti sul suono delle parole. Con questo tema, torniamo a parlare di Filippo Tommaso Marinetti perché ideò il concetto di parole in libertà, producendo testi con parole improvvisate oppure stampate con caratteri grafici differenti, facendo diventare simboliche le parole: *Zang, Tumb, Tumb*. Questi testi non erano fini a loro stessi, ma venivano sfruttati durante le rappresentazioni teatrali a tema futurista, diventando parte degli spettacoli che, però, quasi sempre, non erano graditi dal pubblico. Prendi con leggerezza ciò che sto per dirti, ma potrei azzardare con lo scrivere che i futuristi sono stati i precursori del *flashmob* così come oggi lo conosciamo perché, servendosi delle parole in libertà, i futuristi si organizzavano per creare degli spettacoli improvvisi nei luoghi pubblici per promuovere il loro movimento artistico: per esempio, uno di loro, mentre passeggiava, urlava una parola e gli altri, apparentemente intenti a dedicarsi ad altro, rispondevano.

Il Futurismo ha inoltre affrontato due fasi, quella precedente e quella successiva alla Prima Guerra Mondiale e, infatti, alcuni di loro, per esempio Umberto Boccioni, andarono anche a combattere al fronte, ma lo fecero con entusiasmo poiché, e questa è una nota dolente e per nulla da ammirare, i futuristi erano favorevoli alla guerra.

Vediamo adesso in che modo i futuristi hanno fatto sentire la loro voce seguendo questa scia artistica, alcun dei quali li troviamo tutti insieme fotografati davanti alla sede del giornale Le Figaro nel 1912:

- Umberto Boccioni (1882-1916) ha pubblicato il *Manifesto tecnico della scultura futurista*. Pittore e scultore, considerato tra gli artisti più importanti del Novecento, è con lui che il Futurismo mette in evidenza un altro concetto: nei dipinti non c'è più un soggetto e basta che deve essere osservato. No. All'interno dei dipinti c'è tutto, anche lo spettatore.
  Ha concentrato il suo lavoro di artista soprattutto sul dinamismo plastico. La sua lungimiranza artistica è dovuta al fatto che da bambino ha girato molto l'Italia tra diverse città come Catania, Padova, Genova e Forlì, per motivi di lavoro del padre che lavorava in Prefettura; a causa di questo continuo girovagare, si iscrive in diverse scuole, anche a Roma, ed è qui che scopre la sua passione per l'arte. Il percorso artistico di Umberto Boccioni non inizia subito con i colori, con le forme, la luce o il dinamismo tipico del Futurismo, bensì con la scrittura. Infatti, all'età di diciotto anni pubblica il romanzo *Pene dell'anima*. A Roma fa due incontri importanti: Gino Severini, che diventerà uno dei

suoi più grandi amici, e Giacomo Balla, che sarà il suo insegnante di Divisionismo e di utilizzo della luce. A Roma non resta molto perché decide di studiare dal vivo l'Impressionismo e, quindi, nel 1906, parte alla volta di Parigi dove resta qualche mese, per poi ritornare in Italia e iniziare un percorso di formazione presso l'Accademia di Belle Arti di Venezia. Arriva poi il 1909, l'anno in cui si avvia verso il Futurismo dopo aver visto il Manifesto di Filippo Tommaso Marinetti. Sente così sua la visione futurista che ne abbraccia ogni punto, arrivando addirittura a sostenere l'ingresso dell'Italia in Guerra, arruolandosi lui stesso nel 1915. Nel 1914, scrive *Pittura e Scultura futuriste*, un testo in cui espone i concetti principali del futurismo artistico. Tra i suoi maggiori lavori, possiamo ricordare la scultura *Forme uniche della continuità nello spazio* (1913) la cui immagine la troviamo sui venti centesimi di euro, *Automobile rossa* (1904-1905), *La signora Virginia* (1905), *Visioni simultanee* (1911), *Stati d'animo, serie I. Gli addii* (1911), *Materia* (1912), *Elasticità* (1912), *Sviluppo di una bottiglia nello spazio* (1913), *Dinamismo di un cavallo in corsa + case* (1914-1915).

- Giacomo Balla (1871-1958) è considerato, insieme a Umberto Boccioni, il principale simbolo del Futurismo per il suo impegno nella scultura, nel design, nel cinema con le scenografie e per le sue tele ricche di movimento e dinamismo, che mettono in evidenza il concetto che ti ho proposto in precedenza, ossia il fatto che tutto entra a far parte della tela e il soggetto di partenza che ha ispirato il quadro tende a scomparire. Questo si vede per esempio con *Ragazza che corre sul balcone*, *Dinamismo di un cane al guinzaglio*. Lo si ricorda per *Manifesto di ricostruzione futurista dell'Universo*, con l'intento di divulgare l'estetica del Futurismo in ogni settore, incluso l'arredamento. Giacomo Balla si avvicina all'arte partendo dalla fotografia, passione trasmessagli da suo padre e che funge da stimolo per studiare il divisionismo. Come Umberto Boccioni, si avvicina all'Impressionismo e, in più, si interessa anche di Puntinismo, in quanto riuscì ad avvolgere il suo talento con diverse tendenze artistiche, la cui presenza sarà percepibile soprattutto nelle sue prime opere, perlopiù dedicate a temi sociali e all'emarginazione. Per quanto riguarda l'arte futurista, si è invece dedicato all'astrattismo per rappresentare la velocità, il suono e la luce. Tra l'altro, per un periodo, ha firmato i suoi lavori con Futurballa ed era così preso dal Futurismo che chiamò le sue figlie Luce elettrica e Dinamo Elica! Oltre a quelle già citate, un'altra sua famosa opera è Lampada ad arco, *La famiglia Carelli* (1901-1902), *Le mani del violinista* (1912), *Velocità d'automobile* (1912).

- Carlo Carrà (1881-1966): iniziamo a parlare di lui con un consiglio che ha dato ai giovani pittori, ossia l'importanza di una pittura vicina alla realtà poetica, vicina al mondo interiore, non troppo figurativa intesa come una ripetizione sulla tela di ciò che gli occhi captano prima di dipingere, ma una pittura alimentata invece da un lavoro mentale e di immaginazione. Oltre al Futurismo, ha abbracciato anche la corrente metafisica, di cui ti parlo nelle prossime pagine. Ha iniziato a viaggiare sin da giovanissimo tra Milano, Parigi e Londra, città dove si avvicina all'Impressionismo e ad artisti come John Constable e William Turner. In qualità di sostenitore del Futurismo, ha spesso pubblicato sulla rivista d'arte *Lacerba*. Tra le sue maggiori opere, possiamo ricordare: *La camera incantata*, *Madre e figlio*, *Il Cavaliere occidentale*, *Ritmi di oggetti* (1911).

- Gino Severini (1883-1966) è stato seguace del Cubismo e del Futurismo, movimento quest'ultimo che abbracciò grazie a Umberto Boccioni e Giacomo Balla, conosciuti nel 1901. A partire dal 1906, Parigi fu la città che cambiò la sua vita perché è qui che trascorreva gran parte del suo tempo circondandosi dell'atmosfera avanguardista del mondo letterario e pittorico, entrando in contatto con Pablo Picasso e Georges Braque. Inizialmente, concentra la sua tecnica ispirandosi a George Seurat con i paesaggi e, in seguito, si sposta verso lo studio del movimento e verso la creazione di dipinti che uniscono Cubismo e Futurismo. A differenza dei suoi colleghi futuristi, Gino Severini pone il suo interesse verso un tipo diverso di arte e si interessa poco delle macchine, preferendo lo studio delle armonie geometriche e del movimento umano, che per esempio esprime in dipinti come *La ballerina blu* (1912). Anche lui ha scritto un testo in cui spiega la sua idea di arte e che è stato intitolato *Du cubisme au classicisme* (1921). Oltre a quelle citate, tra le sue opere principali ricordiamo: *Primavera a Montmartre* (1909), *La danza del pan pan al Monico* (1911), *Paesaggio urbano con luci artificiali* (1913), *Simboli del lavoro* (1949-1950), *Le nord sud* (1913) un dipinto ispirato alla metropolitana di Parigi.

- Luigi Russolo (1885-1947), musicista, inventore e pittore e a metà strada tra Futurismo e Metafisica, ha ideato la macchina intona rumori, un dispositivo che consentiva di registrare i suoni della città al mattino. Quale miglior modo di presentare questo esponente del Futurismo? Sul suo conto, le fonti ci rendono noto che ha firmato il manifesto *L'arte dei rumori* nel 1913, un testo che valorizzava il rumore come mezzo per realizzare un tipo di musica fatta di solo rumore senza suoni. Per quanto riguarda la sua carriera da pittore, tra i suoi dipinti possiamo ricordare *Dinamismo di un'automobile* (1913).

Metafisica

La metafisica non è un movimento artistico di avanguardia primonovecentesca ma una tendenza che nasce a in Italia, a Ferrara, soprattutto per volere di Giorgio de Chirico, nei primi del Novecento e mira a esprimere uno sguardo critico verso l'arte; inoltre, non si può definire un movimento artistico anche perché, inizialmente, Giorgio de Chirico ha lavorato da solo nei primi anni di studio di questo genere pittorico e solo nel 1916 comincerà a diventare un modello per alcuni artisti italiani che cercheranno di emularlo.

Questo nome, tratto dalle argomentazioni del filosofo Aristotele, fu proposto da Giorgio de Chirico, soprattutto per definire una propria personale fase di ricerca artistica, anche se, in realtà, altre fonti rendono noto che il nome pittura metafisica fu utilizzato per la prima volta da Guillaume Apollinaire quando, nel 1913, vide lo stile di Giorgio de Chirico, o che addirittura fosse stato Carlo Carrà a parlarne per la prima volta.

Questa tendenza si manifesta a partire dal 1912 al Salon d'Automne di Parigi, quando Giorgio de Chirico ha presentato qualche suo dipinto.

Nel 1919, viene pubblicato *Noi metafisici*, il manifesto della metafisica, ma nel 1921 subentra l'affermarsi dei valori plastici, una tendenza artistica che voleva ritornare alle caratteristiche del Trecento e del Quattrocento.

Per renderci conto del valore della pittura metafisica, dobbiamo considerare il fatto che in questo periodo c'è un fiorire di avanguardie culturali, vediamo come emergono artisti in grado di seguire linee artistiche differenti, come i futuristi fanno sentire la propria voce e come, velocemente, il mondo inizia a cambiare e a entrare nella frenesia che ancora appartiene anche al nostro tempo. Facci caso: siamo nel 2022, abbiamo visto tanti cambiamenti, stiamo vivendo l'era digitale, tra connessione Internet, Social Network e una vita iperconnessa dove il linguaggio della comunicazione si è spostato verso le immagini e i video e tutto in una frenesia costante. Ecco. Non c'è paragone con il fermento artistico e culturale dei primi anni del Novecento, però, il mio esempio potrebbe esserti utile per immaginare l'aria che si respirava a quel tempo, che per certi versi somiglia un po' al nostro. Va bene. Freno. Torno subito alla Metafisica pittorica: in questo anno, il 1912, Giorgio de Chirico propone i dipinti della serie delle Piazze d'Italia, prodotte due anni prima, e tra le quali rientra *Enigma di un pomeriggio d'autunno* (1910), ispirato a Piazza Santa Croce a Firenze e di cui ti dirò più avanti. Anche se è una tendenza, la Metafisica pittorica non è affatto di importanza inferiore perché ha aperto la strada alla nascita di un altro movimento artistico d'avanguardia: il Surrealismo.

L'obiettivo di questa forma d'arte è far comprendere che, oltre gli oggetti apparentemente comuni che si vedono sulla tela, c'è in realtà dell'altro, per indurre chi osserva a fare una riflessione: le apparenze possono ingannare perché nulla è come sembra. Dunque, scopo della Metafisica pittorica è trasformare l'arte in uno strumento di riflessione, un invito a non fermarsi alla superficie delle cose. Consideriamo anche il fatto che questo genere di pittura sorge in un momento assai delicato a livello internazionale: la Prima Guerra Mondiale, scenario degli orrori e dell'oscurità sociali che fanno crollare il castello di sabbia della certezza di essere al sicuro e fanno prendere coscienza di quanto l'Uomo debba fare i conti con la realtà e contare prima di tutto su sé stesso.

Osservando i dipinti della Metafisica pittorica, si ha come l'impressione di entrare in un universo magico, come se le cose fossero sospese da un incantesimo, che serve allo spettatore per andare oltre ciò che la realtà appare. Le forme della pittura metafisica sono particolari, quasi appaiono come una sfida verso lo spettatore, perché propongono solo in apparenza figure statiche, in una dimensione dove il tempo sembra essersi fermato, per poi riflettere, come già detto, su ciò che c'è oltre. Tutto questo genera un senso di mistero, di non detto, di qualcosa da scoprire.

Gli esperti di arte hanno individuato nella pittura metafisica la solitudine come perno principale, con un uso distorto della prospettiva e con la presenza di ombre, statue di spalle e personaggi mitologici. Inoltre, ciò che colpisce più di tutto è il rapporto tra lo spazio e il tempo, che sembrano sospesi.

Per conoscere a fondo la pittura metafisica bisogna continuare questo discorso parlando di Giorgio de Chirico (1888-1978). Nato a Volos, Grecia, inizia a studiare ad Atene e prosegue la sua formazione all'Accademia di Belle Arti di Firenze e a Monaco di Baviera, per poi spostarsi prima a Milano e poi a Parigi, dove raggiunge suo fratello Andrea, noto per per lo pseudonimo Alberto Savinio. È il 1911 e Parigi è in fermento avanguardistico, qualunque artista passi per questa città non può non essere assorbito dalla sperimentazione artistica definita da tutti i movimenti e dalle tenenze che si stanno affermando e così sarà anche per Giorgio de Chirico, che diventerà amico di Pablo Picasso. Alcuni manuali di arte mettono a confronto lo stile di entrambi affermando che il primo dipinge una realtà fredda, che non è ciò che sembra, perché, pur essendo una riproduzione, tende a svelare altro rispetto a ciò che si vede in immediato, qualcosa di più lontano; viceversa, il secondo scompone la realtà e la rimette in ordine sulla tela.

L'energia di Parigi tocca anche Giorgio de Chirico, che considera la capitale francese il luogo ideale per esporre, come anticipato sopra, *Enigma di un pomeriggio d'autunno*, un dipinto sul quale dobbiamo soffermarci. Già il titolo ci suggerisce un'evocazione particolare, in quanto questo dipinto si racconta sia nato da una visione dell'artista, che osservando la piazza aveva avuto una sensazione di stupore, come se non l'avesse mai vista prima e in questa meraviglia ha immaginato il dipinto, che è molto evocativo e dove possiamo riscontrare l'influenza della terra natia di De Chirico per la presenza di elementi tipici del tempio greco come le tende e anche di una statua, tra l'altro senza testa. Il dipinto è ispirato a Piazza Santa Croce di Firenze, modificata con la sostituzione di alcuni elementi: la statua di spalle senza testa sostituisce quella di Dante Alighieri e l'essere senza testa rappresenta la conoscenza limitata dell'Uomo. In generale, lo stile di Giorgio de Chirico ha un'aura di magia, c'è una luce che appare quasi fuori contesto perché colora gli oggetti della scena in modo irreale con una prospettiva quasi mai lineare e tutto questo crea un senso di mistero, ispirato anche alla filosofia di Friedrich Nietzsche in *Così parlo Zaratustra*. La creazione di questa atmosfera enigmatica genera un senso di sospensione che permette a chi osserva di soffermarsi sulla realtà e scoprire quale segreto nasconde, che cosa vuole dirci. Il risultato è una sensazione di inquietudine, di nonsense, assurdo e alienazione. Altri dipinti che seguono questa filosofia interpretativa sono *Ettore e Andromaca* (1917) e *Le muse inquietanti* (1917-1919).

Inoltre, *Enigma di un pomeriggio d'autunno* fa parte della serie di dipinti sulle Piazze d'Italia, che Giorgio De Chirico realizza prendendo spunto dallo stile di Arnold Böcklin, in particolare *L'isola dei morti*, che ha modo di ammirare durante il suo soggiorno a Monaco di Baviera.

Le influenze culturali della terra natia di Giorgio de Chirico si possono rinvenire anche nelle sue opere. Pensiamo per esempio *a Ettore e Andromaca*, che sappiamo richiamare questo mito perché è il titolo a suggerircelo, poiché, attraverso una visione superficiale, i protagonisti della scena sono due manichini senza volto, senza occhi, senza bocca e senza braccia, fattori che comunicano il senso di impotente angoscia nel quale riversa l'Uomo di fronte ai misteri e agli enigmi della realtà. Secondo gli esperti di arte, mitologia e filosofia, Giorgio De Chirico è partito dalla mitologia per evidenziarne alcuni concetti, che, nel caso di *Ettore e Andromaca*, riguardano il sentimento di orgoglio e di difesa della reputazione, spesso presenti nella cultura omerica, in particolare nella figura di Ettore, che non vuole sentire ragioni, nemmeno da parte della sua amata, perché lui ha deciso che andrà in guerra, della serie "Che cosa penseranno gli altri di me?", perché il suo onore è più importante e allora questo lo trasforma in un burattino che viene manipolato dalla volontà di terzi e non dalle sue reali intenzioni e sentimenti. Tutto questo richiama anche il concetto di angoscia e impotenza dal punto di vista filosofico e psicologico. Un altro dipinto indimenticabile di De Chirico è *Canto d'Amore* (1914), che sarà la scintilla che illuminerà il futuro artistico del surrealista René Magritte.

Carlo Carrà è stato il primo artista a seguire la tendenza metafisica di Giorgio de Chirico. Infatti, a partire dal 1917, abbandonando il Futurismo e si avvicina a questo nuovo modo di fare arte, che lo fa sentire più vicino alla ricerca dell'ordine e alla semplicità per richiamare lo stile dei maestri del passato come Giotto; inoltre, a differenza di Giorgio de Chirico, Carlo Carrà preferisce dipingere scene in spazi chiusi come piccole scatole. Ne è un esempio *La musa metafisica* (1917).

A Giorgio de Chirico e Carlo Carrà si uniranno anche il fratello Alberto, Giorgio Morandi e Filippo de Pisis. Tutti insieme fondarono la scuola della Metafisica.

Ad ogni modo, nonostante l'amicizia e il sodalizio artistico tra Giorgio de Chirico e Carlo Carrà, ci fu una sorta di discussione tra i due che portò a spostare gli interessi del gruppo della Metafisica pittorica verso il Surrealismo, argomento di cui ti racconto nel capitolo successivo. Dato che so che ti piace scoprire qualche retroscena degli artisti, ti racconto che cosa è accaduto: correva l'anno 1919 e Giorgio de Chirico pubblicò l'articolo *Ritorno al mestiere* sulla rivista "Valori plastici" per suggerire una rinnovata pittura basata sulla tecnica figurativa tradizionale. Sembra che, l'anno successivo, qualcosa deve aver creato una divergenza di opinione tra lui e Carlo Carrà. Qui dobbiamo fare un flashback e ritornare agli inizi della Metafisica pittorica, a quando i due si conobbero in un periodo di degenza in un ospedale militare di Ferrara durante il periodo bellico, scoprendosi colleghi e con un comune interesse verso la rappresentazione di ciò che va oltre la realtà. Dopo i primi anni di sodalizio artistico e di una visione pittorica comune, i due cominciano a camminare su due binari differenti, perché il background futurista di Carlo Carrà improntato sul dinamismo e sul divenire comincia a cozzare con la visione statica e sospesa in una dimensione senza spazio e senza tempo di Giorgio de Chirico. In realtà, un esempio della divergenza di opinione si riscontra già nel dipinto *L'idolo ermafrodito* del 1917, in cui vediamo come il manichino raffigurato in uno spazio per lui troppo stretto ha come una sorta di moto di ribellione e, anche se sono chiusi, ha un paio di occhi, ha un volto con un naso e una bocca, una mano è rivolta verso il soffitto come a raffigurare un risveglio.

Se sia stata questa la divergenza di opinione che ha determinato il declino della Metafisica pittorica non lo so, ma fatto sta che questa tendenza artistica ha funto da ispirazione per la nascita di un altro interessante movimento artistico: il Surrealismo.

In più, verso il 1940, Giorgio de Chirico decide di ritornare a una tecnica figurativa classica, dedicandosi ad autoritratti in costume, a scene tratte dalla mitologia e a contesti di derivazione barocca.

Surrealismo

Il Surrealismo è un altro movimento artistico di avanguardia, anzi l'ultimo, che ha seguito il Dadaismo e i cui riflettori si accendono a Parigi negli anni Venti del Novecento, di preciso il 1924, attraverso l'attenzione rivolta verso il mondo inconscio, psichico e onirico partendo dalle teorie della psicanalisi di Sigmund Freud. Questo movimento artistico rifugge da tutto ciò che è razionale e vede nell'esaltazione della follia la risposta per ritrovare l'autenticità dell'arte, che ha perso la sua parte fantasiosa per inseguire la concretezza della vita contemporanea.

Se Sigmund Freud ha condiviso le sue teorie e le sue scoperte sull'inconscio, gli artisti del periodo hanno tratto ispirazione da questa dimensione della psiche per raccontare il mondo dei sogni secondo il proprio punto di vista.

Questo movimento sboccia in ambito letterario con il poeta e scrittore Andrè Breton, che ha fondato la rivista *Révolution surréaliste* e che, nel 1924, ha pubblicato la prima versione del Manifesto del Surrealismo, che in sintesi evidenziava che si poteva arrivare a una dimensione superiore al reale solo unendo sullo stesso livello la dimensione in cui siamo vigili e quella in cui stiamo sognando. In questa prima versione, Andrè Breton si sofferma in particolare sull'infanzia, un momento in cui la nostra psiche riesce a percepire l'autenticità delle cose e, in seguito, con il sopraggiungere dell'età adulta, nel fare fronte alle cose pratiche, questa autenticità cessa di governare la nostra psiche, cosa che ci fa perdere il potere dell'immaginazione, che attraverso l'arte surrealista si può risvegliare.

Non tutti sono stati sostenitori del Surrealismo, poiché, a detta di alcuni, era impossibile creare una pittura surrealista. Dunque, è da questo dubbio che parto per parlarti delle caratteristiche di questa fase della Storia dell'Arte. Nel 1925, nella quarta pubblicazione della rivista *Révolution surréaliste*, André Breton propone la sua opinione affermando che la pittura, così come anche la scrittura, è un trampolino di lancio per tuffarsi nel mare dell'inconscio, inaccessibile alla coscienza, e comprendere la psiche, superando la superficie di quello che l'occhio vede e, così facendo, scrittura e pittura trovano la propria autenticità. Ora, io ho parafrasato a parole mie ciò che ho letto consultando un saggio, ma il senso è che l'obiettivo della pittura surrealista è la rappresentazione di una realtà irrazionale derivata dal mondo onirico per conoscere la psiche umana, rappresentando in questo modo una sorta di rifiuto della realtà così come la conosciamo, quasi a confondere il limite tra ciò che è immaginario e ciò che è reale; dunque, una definizione che potrebbe calzare a pennello per il Surrealismo è movimento artistico del mondo interiore, di subconscio.

Questo obiettivo la pittura lo può raggiungere al pari della scrittura e, anzi, il Surrealismo colloca sullo stesso piano queste due forme d'arte, considerando che coloro che hanno seguito questo movimento artistico si sono soffermati anche su esperimenti come la scrittura automatica, la metalogica delle immagini e il concetto di metamorfosi.

I dipinti di questo movimento artistico sono unici nel loro genere. Se siamo rimasti sorpresi scoprendo quelli di Cubismo, Futurismo e Metafisica, quelli del Surrealismo ci lasceranno a bocca aperta, includendo però anche le sculture.

Nelle opere d'arte surrealiste restiamo incantati di fronte a oggetti inanimati che sembrano prendere vita, oggetti a volte deformati, vediamo corpi dai quali spuntano elementi meccanici, oggetti collocati in contesti insoliti e in maniera illogica, come se fossero una risposta a ciò che è stato visto sognando. È questa sorta di universo magico che mette lo spettatore nella condizione di fermarsi un attimo e di contemplare, di capire quali meccanismi, quali ragionamenti hanno suggerito ciò che è stato disegnato sulla scena proposta sulle tele. Il bello di questi lavori è il fatto che a governare sia l'immaginazione, che per antonomasia non ha limiti e offre la possibilità di creare universi fantastici dove tutto può essere possibile, perché entrano in gioco forze che non siamo in grado di controllare.

Con il Surrealismo, torniamo a conoscere un pizzico di vita e stile degli artisti che hanno abbracciato questo movimento e che ci permettono di conoscerlo meglio:

- Max Ernst (1891-1976), nome intero Maximilien, di origine tedesca e naturalizzato francese, primo pittore dell'elenco dei surrealisti e ideatore delle tecniche grattage e frottage, scoprendo qualcosa su di lui, ritorniamo a respirare il fervore artistico di Parigi, città che visita per la prima volta nel 1913. Negli anni che hanno preceduto la vita nella capitale francese, a partire dal 1909, intraprende un percorso di studi in filosofia e psicologia presso l'Università di Bonn per poi sostituirlo con un percorso nel settore dell'arte, che decide di seguire a partire dal 1912, quando a Colonia, sua città natale, ha l'opportunità di ammirare i lavori di Paul Cézanne e Pablo Picasso esposti alla mostra *Sonderbund*. Lo slancio stilistico alimentato dai capolavori dei due maestri della pittura è tale che Max Ernst decide di recarsi a Parigi e inizia a dedicarsi a produzioni sue. Nemmeno la Prima Guerra Mondiale, alla quale prende parte, riesce a fermare il suo fervore artistico, tanto che trova lo stesso il modo di dipingere. Dopo la guerra, prosegue la sua ricerca artistica e resta affascinato dall'arte metafisica di Giorgio de Chirico. Sono questi gli anni in cui si avvicina anche al movimento dadaista. Da non dimenticare è anche lo sviluppo del frottage, una tecnica pittorica che ha sperimentato dopo un viaggio in Oriente e che si ottiene colorando un foglio su una superficie ruvida per ricalcarne le linee con la matita. Max Ernst è stato un artista veramente prolifico. Anche lui si avvicina alla tecnica del collage e dei fotomontaggi, che mette in pratica nel 1920 con *Figure ambigue*, lavoro in cui propone delle forme meccaniche che prendono il posto del corpo umano. Nel 1929, realizza il libro *La femme 100 têtes*. È attraverso queste due tecniche che offre il proprio messaggio surrealista proponendo una duplice versione degli oggetti. Si racconta che modificò la pagina di un libro di chimica e biologia, selezionando dei punti sui quali aveva dipinto e aggiungendo elementi esterni, e modificò le illustrazioni degli strumenti di laboratorio, oppure, si può ricordare una delle immagini della raccolta di collage *Fantagagas*, dove ha trasformato l'anatomia di un insetto in un vaporetto nel mare.

Tutto ciò che ha appreso durante gli studi in filosofia e psicologia si riverserà nei suoi lavori, nei quali predomina uno stile, definito eccentrico, ispirato al Romanticismo tedesco, a Böcklin e anche al gotico, linea che caratterizzerà la maggioranza delle sue produzioni che rappresentavano una sorta di realismo magico. Un altro suo famoso dipinto è *Oedipus Rex* (1922).

- Joan Mirò (1893-1983), originario di Barcellona, è noto per le sue qualità di pittore, scultore e ceramista. La sua non è stata una vita facile. È cresciuto nella povertà e ha vissuto sulla propria pelle le conseguenze della guerra civile spagnola, che lo ha tenuto lontano dalla sua terra per un po'. Eppure, la sofferenza non ha scalfito il suo animo buono perché si è sempre schierato dalla parte dei più fragili. La sua biografia differisce da quella degli artisti che si sono trovati a un bivio tra le ambizioni professionali di famiglia e le proprie. Figlio di un orefice e orologiaio, pur avendo sin da piccolo la passione per il disegno, sotto suggerimento del padre, ha scelto di studiare economia senza nessuna forzatura, continuando a dedicarsi al disegno come un passatempo e seguendo delle lezioni private. Solo dopo essere stato affetto da un esaurimento nervoso ha deciso di dedicarsi all'arte a tempo pieno, iscrivendosi all'Accademia Galì a Barcellona, dove ha studiato dal 1912 al 1915. Da qui in poi, il cammino di Joan Mirò seguirà quello degli altri artisti che, una volta a Parigi, sono entrati a contatto con personaggi di spicco che hanno avuto un ascendente sul loro stile, uno di questi è Pablo Picasso, insieme anche ai dadaisti. Dopo un periodo trascorso nuovamente in Spagna, con lo scoppio della guerra civile spagnola, nel 1936, fa ritorno a Parigi, ma, quando la città francese viene assediata dai nazisti, ritorna nella sua terra natale. Il suo stile surrealista è stato tra i più emblematici del Surrealismo, cosa che affermava addirittura Andrè Breton. Infatti, attraverso le sue opere, ha seguito l'opposizione alla pittura tradizionale e ricca di canoni predefiniti con l'obiettivo di distruggerla e sostituirla con opere d'arte differenti di sfondo onirico e mediante l'uso di colori forti. Solo dopo la caduta del regime franchista ha ottenuto il meritato apprezzamento di pubblico anche in Spagna, tanto che, verso la fine degli anni Settanta, ha ricevuto più di un riconoscimento tra medaglie e laurea honoris causa. Tra le sue opere principali, che sono tantissime, possiamo elencare: *Il carnevale di Arlecchino* (1924), *Uomo e donna di fronte a una pila di escrementi* (1936), *L'uccello meraviglioso* (1941), le ceramiche della serie *Murales del Sole e della Luna*, la locandina della Coppa del Mondo del 1982, la scultura *Dona i ocell* o *Donna e uccello* (1983), una scultura alta circa venti metri, *Nascita del mondo* (1925).

- René Magritte (1898-1967), nome completo René Francois Guislain Magritte, belga di origine, produttore di circa ottocento opere, secondo alcune fonti addirittura un migliaio, viene ricordato per le sue opere assolutamente uniche, riconoscibili tra mille: figure umane con il volto coperto da un lenzuolo o da un oggetto, oppure di spalle. Descritto come una personalità a tratti oscura ed enigmatica e a tratti disinvolta, è stato soprannominato il disturbatore tranquillo, "saboteur tranquille", perché attraverso le sue opere riusciva a porre degli interrogativi sul reale decontestualizzandolo e rappresentandone il lato misterioso, rendendo protagonisti della tela oggetti catapultati in contesti irreali, carichi di illusione. L'obiettivo era quello di andare a suscitare interrogativi sul mistero del mondo. Studia all'Accademia di Belle Arti di Bruxelles, fa le prime esperienze professionali come grafico, si appassiona al Cubismo e al Futurismo e si orienta verso il Surrealismo dopo essere rimasto colpito dal dipinto di Giorgio de Chirico *Canto d'amore*. Così, inizia con il suo primo lavoro ossia *Il fantino perduto* (1925), in seguito, decide di passare qualche anno a Parigi per poi ritornare in Belgio, dove trasforma il suo appartamento di Bruxelles nella sede centrale del Surrealismo belga. Tra le sue opere principali, possiamo ricordare: *Gli amanti* (1928), *Il figlio dell'uomo* (1964), *Golconda* (1953).

- Salvador Dalì (1904-1989), nome completo Salvador Domingo Felipe Jacinto Dalì i Domènech, lo ricordiamo per i suoi baffi e per i suoi orologi. Il suo talento è associato alla magia artistica, che entra nel mondo interiore. Tante volte leggiamo che un artista è un genio, ma Salvador Dalì si è attribuito questo appellativo da solo e non era affatto presunzione perché un genio lo era davvero e lo dimostrava già non appena si aveva la fortuna di incontrarlo attraverso il suo modo di vestire eccentrico con giacche con tessuto a fantasia e calzini colorati e i capelli carichi di brillantina. Nasce a Figueres, Spagna, una città della regione dell'Alt Empordà e si avvicina all'arte moderna durante una gita al mare a Cadàques. Nel 1922, si trasferisce a Madrid per studiare all'Accademia di San Fernando, ma nel 1927 viene espulso perché non ritiene nessuno dei docenti all'altezza di giudicarlo e glielo dice senza peli sulla lingua. Si trova nel periodo in cui sta facendo esperienza delle avanguardie artistiche, che gli fanno guadagnare sin da subito collaborazioni con personaggi di spicco come Walt Disney e il regista Luis Buñuel, insieme al quale realizza due film surrealisti che hanno fatto la storia del cinema: *Un chien andalou* (1929), considerato il cortometraggio manifesto del Surrealismo, e *L'âge d'or* (1930). Da questo momento in poi, decide di farsi crescere gli iconici baffi emulando lo stile di Diego Velázquez. Un paio di anni dopo, si innamora di Gala, soprannome di Elena Ivanovna Diakonova, che prima prende in antipatia e poi ricambia dando inizio a una storia d'amore e diventando la sua musa ispiratrice. Gala era più grande di lui di undici anni e fin qui nulla di strano, ma ad essere bizzarro è il fatto che non solo fosse la moglie del suo amico e poeta Paul Eluard, ma che Dalì abbia sposato con lo stesso Paul Eluard come testimone di nozze! La buona notizia è che il loro è stato vero amore. Quando il suo nome ha iniziato a diventare famoso, anche la sua personalità sopra le righe è diventata nota tanto che, a Londra, nel 1936, durante una mostra surrealista, si è presentato a una conferenza indossando una tuta da immersione con tanto di casco di vetro per simboleggiare il fatto di essere immerso in un mare di consapevolezza, ma ha rischiato di soffocare e nessuno ci ha fatto caso pensando che fosse un modo per dare spettacolo. Vuoi conoscere un'altra bizzarria di questo artista prima di scoprire qualcosa sul suo stile surrealista? Durante un viaggio in mare diretto a New York, ha indossato il giubbotto di salvataggio con i suoi dipinti legati da un nastro! Dopo questa premessa, è intuibile che le opere d'arte di Salvador Dalì siano uniche, originali e completamente fuori dagli schemi e che il Surrealismo sia il movimento artistico perfetto per la sua indole creativa e originale. Infatti, il suo stile è carico di illusioni ottiche, irrazionalità e inconsuetudine, che sono state costruite anche attraverso la conoscenza del Dadaismo e del Cubismo, per realizzare una forma d'arte da lui stesso indicata come paranoico-critica, vale a dire caratterizzata da immagini e illusioni ottiche suggerite dall'inconscio. Tra le sue maggiori opere, possiamo elencare: *La persistenza della memoria* (1932), ossia il famoso dipinto con gli orologi, *I baffi di Dalì* (1950), *Dante* (1951), *Paesaggio con cavalieri e Gala* (1951), *Gala contempla il mare* (1976), che osservato da qualche metro di distanza crea un'illusione ottica che mostra un ritratto di Abramo Lincoln.

- Frida Kahlo (1907-1954), nome completo Magdalena Carmen Frida Kahlo y Calderón, è una pittrice messicana considerata uno dei simboli dell'indipendenza femminile e, anche se non le è mai piaciuto essere etichettata come tale perché riteneva di rappresentare la sua realtà e non i sogni, viene considerata uno dei simboli del Surrealismo, in quanto il suo stile si avvicina molto a questo movimento artistico, al quale ha aderito solo per un breve periodo. La sua è una vita complessa, ha sempre avuto la passione per l'arte, ma questa entra nelle sue giornate soprattutto a partire dal 1925, dopo un grave incidente su un autobus nel quale resta gravemente ferita e a causa del quale è costretta a trascorre gran parte del suo tempo distesa, e che occupa dipingendo le emozioni scaturite dalla sua condizione e che riguardano soprattutto autoritratti in cui collocava se stessa in ambientazioni sospese e dal tratto onirico. Il suo stile è stato fortemente nutrito dalla cultura popolare messicana ed è stato arricchito anche dalle opere realiste del suo grande amore Diego Rivera. Infatti, nonostante una salute cagionevole, riesce a riprendersi e, nel 1932, si trasferisce negli Stati Uniti, dove ottiene il successo di pubblico quando, nel 1938, le sue opere vengono esposte a New York e anche in Europa, inclusa Parigi su invito di André Breton, che, dopo aver visto i suoi dipinti, le propose di allestire una mostra. Tra le sue maggiori opere, possiamo ricordare: *Le due Frida* (1939), *Quello che l'acqua mi ha dato* (1939).

Dadaismo

Detto anche Dada, il Dadaismo è un movimento che nasce a Zurigo, nella Svizzera neutrale della Prima Guerra Mondiale, tra il 1916 e il 1923. Noterai che ho parlato solo di movimento senza usare l'aggettivo artistico. Questo perché i dadaisti sostenevano che ciò che loro facevano non era arte, bensì anti-arte, una forma di ribellione verso l'arte standardizzata che si combatteva con l'arte stessa.

Tutto prese forma presso il Cabaret Voltaire, un locale di ritrovo per artisti e intellettuali organizzato dal pianista e scrittore Hugo Ball e dalla moglie, poetessa, scrittrice e cantante, Emmy Hennings. Fu in questo locale, arredato con il contributo di tutti gli artisti che lo frequentavano, che l'8 febbraio 1916, secondo altre fonti il 5 febbraio, fu ideato il nome *Dada*, scelto perché composto da due sillabe facili da pronunciare in qualsiasi lingua, poiché *Dada* non aveva nessun significato. In particolare, Hugo Ball e Richard Huelsenbeck arrivarono a concepire questa parola riflettendo sul significato di *da* in diverse lingue: in russo e in rumeno, si poteva tradurre con *sì*, in tedesco con *là*, in francese con *cavallo a dondolo*. Questa scoperta non doveva essere finalizzata a trovare un nome al movimento, ma la riflessione era sorta mentre cercavano l'idea per il nome d'arte da attribuire a una cantante che doveva esibirsi al Cabaret Voltaire.

Il Dadaismo è una tendenza che nasce per l'iniziativa di un gruppo di intellettuali e artisti provenienti dalle nazioni in guerra, che si trovano in Svizzera per scappare dalla guerra e che decidono di avviare una forma d'arte capace di insinuare il dubbio su ogni cosa, una forma d'arte priva di gerarchie e di schemi e che vogliono proclamare come grido di rivolta antibellico, detto *Dada*, contro le brutture della società, che nulla ha fatto per impedire il conflitto bellico. Tra i nomi più conosciuti del Dadaismo, troviamo il poeta Tristan Tzara (1896-1963), che considerò la parola *Dada* un nonsense, il regista, pittore e scrittore Hans Richter (1888-1976), lo scrittore Richard Huenselbeck (1892-1974) e il pittore Hans Arp (1887-1966). Il movimento dadaista fu appoggiato da tantissimi artisti dell'epoca, per esempio, il pittore e scrittore Francis Picabia (1879-1953), l'artista esperta di collage e fotomontaggi Hannah Höch (1889-1978) e Max Ernst che abbiamo visto anche nel capitolo sul Surrealismo, ma gli artisti che hanno aderito a questo movimento sono tanti altri, perché si è sviluppato a livello internazionale ed è impossibile elencarli tutti. Infatti, per l'originalità di stile e di pensiero, il Dadaismo non resta confinato in Svizzera ma, già a partire dal 1916, trova un riscontro anche in Germania, in Francia e persino a New York, grazie a Man Ray (1890-1976) e a Marcel Duchamp (1887-1968).

I dadaisti desideravano fare spazio a una nuova forma di espressione casuale, dissociata, priva di pianificazione, di estetica, di interpretazione generale, di rigidità, di logica e di schemi linguistici, poiché si estende non solo nelle arti figurative, ma anche in ambito letterario, narrativo e teatrale. Non solo. Il movimento Dada faceva sentire la propria voce anche attraverso manifestazioni pubbliche e con riviste come *Dada* a Zurigo, *291* a Barcellona, *Littérature* e *Cannibale* a Parigi, *Dudu* a Milano e *Bleu* a Mantova.

Una nuova tecnica introdotta dal Dadaismo è il *ready-made*, ossia già pronto e confezionato. Si tratta di una tecnica che ha introdotto Marcel Duchamp e che, seguendo l'intento dissacratorio del movimento nato al Cabaret Voltaire, consiste nella spersonalizzazione dell'utilità di un oggetto per trasformarlo in un pezzo d'arte e dimostrare che l'arte può corrispondere a qualsiasi cosa, in quanto il vero artista non è chi crea cose, bensì chi riesce ad attribuire un nuovo significato a oggetti già esistenti. Esempio di questa nuova forma di espressione è *Fontana* (1917), ossia un orinatoio capovolto, che Marcel Duchamp aveva comprato qualche anno prima a New York e sul quale c'era scritto *R. Mutt 1917*, ma altre fonti ritengono che fu lui stesso l'autore delle parole o che fu una sua amica che si firmò con un altro nome, vale a dire Richard Mutt. Quest'opera non è mai stata presentata al pubblico ed è stata persa, ma c'è chi sostiene che in realtà sia stata buttata nell'immondizia da un non simpatizzante. Quel che è certo è che il *ready-made* ha dato avvio a quella che oggi chiamiamo arte concettuale, tipica di musei come il Centre Georges Pompidou di Parigi, al quale Marcel Duchamp inviò una delle diverse riproduzioni dell'orinatoio del 1917, che ordinò verso la metà degli anni Sessanta. Infatti, ci sono stati diversi tentativi di ricreazione dell'opera, quasi sempre autorizzati da Marcel Duchamp; uno di questi è quello del 1950 per l'esposizione a una mostra di New York. Un altro museo al quale fu inviata la copia dell'orinatoio è il San Francisco Museum of Modern Art.

In linea generale, l'arte dadaista ha trovato espressione attraverso la stravaganza e, per le arti visive, ricorrendo alle tecniche di assemblaggio e fotomontaggio, utilizzate come rappresentazione critica e satirica della società. Un dadaista che emerge per l'uso di queste tecniche è Kurt Schwitters, che lavora usando i Merz, ossia dei materiali di scarto ricavati dai ritagli di giornale e così definiti perché, un giorno, tagliò la parola Kommerzbank stampata su una rivista. Questo nome divenne simbolico e nel 1923, quando cominciò a dedicarsi a progetti di tipo architettonico, realizzò il *Merzbau*, una sorta di grotta fatta di gesso e legno rivestita con collage di immagini di vita privata e professionale e con l'assemblaggio di oggetti che per lui avevano un significato particolare. Addirittura, tra questi oggetti c'erano una ciocca di capelli di Hans Richter e un paio di calzini! Purtroppo, l'arte di Kurt Schwitters non fu gradita dai nazisti e, nel 1937, entrò a far parte della lista dell'arte degenerata; purtroppo, con i bombardamenti del 1943, il *Merzbau* fu distrutto per sempre e ciò che oggi abbiamo è solo una fotografia, ma Schwitters non si è perso d'animo. Trasferitosi a Oslo, cominciò a lavorare a una nuova versione del suo progetto, che però andò nuovamente in frantumi a causa di un incendio nel 1951. Ci fu anche un terzo tentativo di ricostruzione del *Merzbau*, quando andò a vivere in Inghilterra nel 1947, ottenendo anche un finanziamento da parte del MOMA di New York, ma l'opera non fu mai conclusa.

Man Ray ha offerto il suo contributo al dadaismo con sperimentazioni fotografiche, che consistevano in solarizzazioni e fotomontaggi, e lavorando al rayogramma, una tecnica di produzione di immagini in negativo, che consisteva nell'appoggiare degli oggetti su una carta fotosensibile e che non richiedeva l'uso della macchina fotografica.

Quanto ancora ci sarebbe da dire del Dadaismo, ma altri movimenti artistici ci aspettano e, quindi, concludo questo capitolo con una curiosità che riguarda il Cabaret Voltaire: sapevi che è aperto ancora oggi e che conserva ancora lo stile originario?

Suprematismo

Il Suprematismo, ossia la concezione che l'arte astratta sarebbe migliore di quella figurativa e che l'artista doveva abbandonare la rappresentazione della realtà, è un movimento artistico sorto nel 1914 per volere dell'artista russo Kazimir Malevič (1878-1935), che formulò sul *Manifesto suprematista* scritto a quattro mani con il poeta Vladimir Majkovskij e che presentò a Pietroburgo in occasione dell'evento *Ultima Mostra futurista 0.10* nel 1915 con il dipinto *Quadrato Nero*, la forma di un quadrato nero su uno sfondo bianco. Come spiegò in *Dal Cubismo e dal Futurismo al Suprematismo. Il nuovo realismo della pittura*, il quadrato nero del dipinto rappresentava lo "zero della forma", vale a dire che demarcava la fine dei canoni del passato per fare spazio a una nuova forma di comunicazione pittorica. Sempre nel 1915, Kazimir Malevič fondò *Supremus*, un gruppo di artisti secondo i quali il suprematismo poteva cambiare in meglio la società.

Prima di proporre la sua ideologia circa l'arte astratta, Kazimir Malevič ha condotto un lavoro di ricerca e di sperimentazione attraverso l'Impressionismo, il Fauvismo e il Cubismo, ma anche il Naturalismo, considerati come mezzi che non fanno emergere il valore di un'opera d'arte. In seguito, approfondì la sua concezione di Suprematismo nel saggio *Il Suprematismo, ovvero il mondo della non rappresentazione* per spiegare che, a suo avviso, l'artista moderno doveva concentrarsi sulla plasticità piuttosto che sull'estetica, per lavorare su un'arte fine a se stessa perché quella precedente era così carica del fine estetico da rendere ogni lavoro una mera riproduzione della realtà; per questa ragione, seguendo l'astrattismo, c'era la possibilità di esprimere l'essenziale attraverso le geometrie.

Kazimir Malevič formulò anche un ulteriore manifesto che presentò con il titolo *Manifesto suprematista Unovis*. Obiettivo simbolico del Suprematismo era la valorizzazione della libertà spirituale rispetto all'avidità.

In particolare, Kazimir Malevič sosteneva che il Suprematismo si scandiva in tre momenti: nero, colorato e bianco. Durante il 1918, dedicandosi al momento bianco del suprematismo, realizzò delle tele bianco su bianco, evidenziando però le forme geometriche. Nel 1922, Kazimir Malevič si è avvalso anche della collaborazione di altri artisti, per esempio nel 1922 quando insieme ad altri suprematisti creò dei progetti tridimensionali.

Il Suprematismo durò solo fino al 1927, quando ebbe iniziò la nuova fase di politica culturale sovietica, ma non scomparì del tutto perché ritrovò una nuova forma espressiva attraverso il Bauhaus, un istituto di architettura, già nato in precedenza nel 1919. Anche se questo movimento artistico è stato rallentato dai cambiamenti politici, il Suprematismo è riuscito a lasciare le sue tracce influenzando l'evoluzione dell'arte, dell'architettura e del design a livello internazionale.

Bauhaus

Innanzitutto, il Bauhaus ha il merito di aver pubblicato nel 1927 un altro testo di Kazimir Malevič, *Il mondo non oggettivo*. Dato che fino a questo momento abbiamo parlato di tendenze e movimenti artistici, potresti pensare che anche il Bauhaus sia la stessa cosa e invece no. Il Bauhaus, che letteralmente tradotto significa "casa della costruzione", è un istituto di arte, artigianato e design fondato a Weimar in Germania, nel 1919, dall'architetto Walter Gropius secondo l'idea di fondere arte e tecnica e di utilizzare le nuove tecnologie. La collocazione a Weimar non è stata casuale, poiché in quel periodo era il fulcro centrale delle idee sociali e politiche e anche il luogo dove sarebbe sorta la nuova Repubblica.

Questo istituto ha innovato il mondo del design e dell'architettura, tanto che, nell'anno di celebrazione dei cento anni dalla fondazione, Google ha dedicato un doodle all'evento. Parlare di Bauhaus ci offre la possibilità di conoscere una curiosità: anche se Walter Gropius era un architetto, nei primi anni di fondazione, l'istituto non aveva una sezione di architettura! Ma questa è davvero poca cosa in confronto al contributo che questo istituto ha dato al mondo dell'arte e se si pensa che alcune opere realizzate presso le sedi di questo istituto sono state addirittura riconosciute come patrimonio dell'Unesco nel 1996.

Gli ideali di insegnamento artistico del Bauhaus, derivati dall'*Arts and Crafts Movement*, Movimento per la riforma delle arti applicate, hanno fatto scuola nel vero senso della parola perché hanno definito le linee formative e professionali del design industriale e grafico, grazie all'idea di coniugare il campo dell'arte, dell'artigianato, dell'industria e del design per produrre oggetti semplici e privi di ghirigori. Tra i docenti che hanno insegnato al Bauhaus, c'erano artisti di fama già nota come Vasilij Kandiskij e Paul Klee.

La sede di Weimar non fu l'unica, poiché, nel 1925, quando la Repubblica cadde, fu stata collocata una nuova sede a Dessau, ma, se è vero che non tutti i mali vengono per nuocere, la collocazione della nuova sede è stata occasione per costruire un edificio emblema delle ideologie dell'istituto: è stato progettato con la finalità di creare uno spazio a misura di studenti e docenti, con grandi finestre e suddiviso in più aree tra lezioni, laboratori, uffici e ritrovo per studenti. Dal punto di vista estetico, l'edificio è stato costruito seguendo tecniche e canoni moderni.

Nuova oggettività

La Nuova oggettività, Nuovo Realismo o *Neue Sachlichkeit* è una tendenza artistica molto particolare che nasce in Germania e si sviluppa come reazione alla soggettività e alla fantasia dell'Espressionismo, rispondendo con un ritorno alla rappresentazione della realtà oggettiva e che è sorto quando era in vigore della Repubblica di Weimar, che durò dal 1919 al 1933, quando il mondo ha conosciuto una delle pagine più oscure e dolorose della storia: l'avvento del nazismo. Si tratta di una fase che dura circa dieci anni, di preciso dal 1923 al 1933 e che vede in azione gli artisti che iniziano a farsi portavoce di tutto ciò che la società ha subito, in particolare durante la guerra, che diventa oggetto dei dipinti, che raffigurano per la maggioranza la sofferenza, la violenza, le vittime e le conseguenze della guerra e così via. Le opere delle Nuova oggettività perdono quella dimensione immaginativa, interiore e si caricano di una satira cattiva che rispecchia la presa di coscienza di ciò che la realtà è effettivamente. C'è quindi uno sguardo cinico e sagace che viene posto sulla tela in modo caricaturale ed è questo forse l'aspetto nel quale si rinviene qualche analogia con l'Espressionismo, insieme all'uso di colori forti e anche qualche traccia di Fauvismo, ma non c'è più spazio per le emozioni interiori e i sentimenti del singolo artista o per l'interpretazione personale di ogni singolo spettatore perché l'arte deve tornare nuovamente a parlare a tutti fornendo lo stesso messaggio: la realtà vera e autentica.

Quindi, l'obiettivo di questo movimento è stato rappresentare le cose in modo oggettivo, verista, ma anche classicista, tanto da poter parlare di due gruppi della Nuova Oggettività: uno verista, presente soprattutto tra Berlino e Dresda, e uno più classico detto Realismo Magico, interessato in prevalenza allo stile e alla tecnica e costituito nei pressi di Monaco di Baviera e di Karlsruhe e attribuito al gallerista italiano Emilio Bertonati. Qui sorge spontanea la domanda? Perché chiamare Realismo Magico un gruppo di artisti che voleva ritornare alla rappresentazione della realtà oggettiva? La scelta di questo nome è stata giustificata spiegando che, seguendo le caratteristiche di armonia del classicismo e un'impronta vicina al Surrealismo, l'intento era quello di scovare tutto l'incanto che si poteva scorgere dalla realtà quotidiana.

Gli artisti che hanno aderito all'ala verista sentivano l'esigenza di distaccarsi dalla soggettività e di fare della pittura uno strumento di manifestazione dello stato d'animo cupo, andando anche a criticare la società spaccata in due da povertà e ricchezza, ma anche dall'incalzare del nazismo. Non c'è uno stile comune, ma ogni artista si esprime nel modo che più preferisce: c'è chi rappresenta scene della realtà tratte dalla vita urbana, dove si nota la presenza dei ricchi borghesi, degli sfruttatori, delle vittime di guerra e dei tristi volti di chi si trova in povertà e anche le espressioni minacciose delle guardie naziste; viceversa, quelli del Realismo Magico preferivano concentrarsi sui paesaggi, sulle nature morte e sui ritratti.

Nei dipinti si percepiscono la disillusione e il sentimento di malcontento per l'impatto della guerra sulla situazione economica e sociale. Secondo gli artisti della Nuova oggettività, era impossibile concentrare le proprie energie in un'arte troppo soggettiva e spirituale che dava spazio all'immaginazione, perché era necessario che l'arte ritornasse ad essere lo specchio di ciò che nei fatti era la società, che facesse il proprio dovere mediante un ritorno al realismo oggettivo, senza sperimentare e ricominciando a raffigurare la realtà tangibile per quello che era.

Trasformandosi in un mezzo di riproduzione della realtà, la Nuova Oggettività lascia il suo segno nel mondo dell'arte, ma non apporta cambiamenti significativi dal punto di vista dello stile e delle tecniche. Nonostante ciò, era comunque presente l'influenza di altri generi come il Neoclassicismo, il Dadaismo e il Surrealismo.

I lavori degli artisti della Nuova Oggettività sono entrati nello scenario dell'arte degenerata, l'appellativo attribuito a tutti gli artisti che erano ritenuti contrari al nazismo e che per questa ragione furono costretti a fuggire in America. Inoltre, ci sono state anche influenze dell'arte italiana nella formazione della Nuova oggettività, poiché nei dipinti si trovano immagini ispirate ai luoghi italiani e, oltre a ciò, gli artisti di questo movimento si sono avvicinati anche alla Metafisica pittorica.

L'ARTE NEL SECONDO DOPOGUERRA

Espressionismo astratto

La storia dell'arte elenca due forme di Espressionismo: uno è quello che abbiamo visto nei capitoli precedenti e uno definito astratto e legato al secondo dopoguerra. Questo movimento artistico si sviluppa lontano dall'Europa e trova affermazione negli Stati Uniti tra il 1947 e il 1970 circa, facendo eleggere New York come nuovo centro del fermento artistico e culturale. Mentre nelle fasi precedenti tutti gli artisti si incontravano a Parigi per imparare, farsi conoscere e cercare occasioni di confronto, ora sono tutti diretti a New York; la lontananza con l'Europa è solo geografica, poiché l'Espressionismo astratto è influenzato anche dalla presenza degli artisti europei che hanno trovato rifugio negli Stati Uniti durante la Seconda Guerra Mondiale. Tutto ciò ha creato una sinergia tra l'arte americana e l'arte europea e non una rivalità.

A definire l'espansione dell'Espressionismo astratto sono anche i pittori della *New York School*, una scuola nata già negli anni precedenti, che sono stati attraversati dall'arte europea, soprattutto grazie alle mostre organizzate dal fotografo Alfred Stiegliz (1864-1946) presso la Galleria 291 sulla Quinta Strada dove venivano esposti i capolavori di artisti come Pablo Picasso ed Henri Matisse, per citarne alcuni.

È giusto dire che la guerra è la ragione per la quale l'Espressionismo Astratto è sorto negli Stati Uniti e non in Europa? Forse sì, tenendo conto che, in Europa, gran parte dei Paesi si trovava a fare i conti con il dopoguerra, a faticare per ricostruire quel che restava nella fase successiva al conflitto e ripartire dal punto di vista economico e sociale. Gli Stati Uniti si sono invece trovati in una posizione forte dal punto di vista sociale, politico ed economico, diventando un terreno fertile per la sperimentazione artistica.

Quale che sia la motivazione che ha visto la nascita di un nuovo centro dell'arte, a quel tempo, a New York c'era una vivace curiosità verso la conoscenza della storia e della cultura americana e un forte senso di appartenenza alle proprie radici che generava entusiasmo e produttività un po' in tutti i campi e che ha permesso all'arte americana di trovarsi sotto i riflettori e di dare una maggiore definizione all'identità culturale americana.

La definizione di Espressionismo astratto indica chiaramente che, dietro le sfavillanti luci dell'allegria culturale, c'erano delle ombre: quelle delle notizie fornite dai cinegiornali che informavano sull'esistenza di una realtà crudele, bruta, dominata dagli effetti della guerra, dalla depressione economica e anche dalla Guerra Fredda; dunque, la conoscenza della realtà ha alimentato l'Espressionismo astratto, che gli artisti hanno utilizzato per esternare tanto i propri sentimenti che quelli sociali, ma anche per portare messaggi di ottimismo.

Lentamente, l'Espressionismo astratto ha aperto le porte a una nuova fase dell'arte americana, che ha iniziato a tirare fuori il proprio carattere e ad allontanarsi da ogni altra influenza culturale d'Oltreoceano, diventando addirittura, secondo voci di corridoio, uno strumento di propaganda durante la Guerra Fredda mediante mostre temporanee progettate dalla CIA per divulgare le ideologie democratiche e individualiste americane.

Dopo questo preambolo, passiamo alla parte più divertente: le caratteristiche dell'Espressionismo astratto, che ci riconducono nuovamente alla *Scuola di New York*. Trovandosi in un contesto limitato all'area di New York, gli artisti dell'Espressionismo astratto hanno sviluppato uno stile più o meno simile. La base operativa dei primi anni è stata la galleria Peggy Guggenheim, dove, nel 1943, Jakcson Pollock ha organizzato la sua mostra; in seguito, il nuovo punto di ritrovo è diventata la galleria di Betty Parsons, ma la sostanza non è cambiata perché gli artisti hanno continuato a seguire una linea comune. A partire dal 1947, l'Espressionismo astratto fiorisce definitivamente, grazie ai lavori dei maggiori personaggi della *Scuola di New York*: Franz Kline (1910-1962), Willem de Kooning (1904-1997), Jackson Pollock (1912-1956) e Mark Rothko (1903-1907).

La figura di Jackson Pollock è la più imponente in questo contesto culturale americano perché, tra i vari contribuiti che ha apportato all'arte, introduce il *dripping*, la tecnica della pittura a scorrimento, che si ottiene facendo gocciolare il pennello intriso di colore senza appoggiarlo direttamente sul piano di lavoro. Insieme alle novità introdotte da Mark Rothko con le forme fluttuanti e da Willem de Kooning con le immagini dai contorni grattati e incompleti, ha fatto nascere un nuovo stile detto *Action painting* o Pittura d'azione, che aggiunge un nuovo tassello all'arte contemporanea.

Action painting e Color Field Painting

L'*Action Painting* è il modo in cui è stato definito l'Espressionismo astratto dopo che, nel 1952, il critico d'arte Harold Rosenberg ha fornito la sua opinione sulle novità proposte da Jackson Pollock, Willem de Kooning e Mark Rothko, considerando Willem de Kooning un *action painter* reale, nonostante Jackson Pollock ne sia considerato l'ideatore.

Non avendo una linea definita, dei canoni stilistici da seguire e una base di partenza, i risultati dell'*Action Painting* hanno prodotto un'arte a tratti ansiosa, istintiva, caotica, vaga e andava bene così, perché tutti gli artisti che hanno fatto propria questa tecnica erano animati da rabbia e forza, tanto che il *dripping* è stato superato dall'azione gestuale, una tecnica che consiste nel lanciare il colore direttamente sulla tela per valorizzare il gesto dell'artista piuttosto che l'effetto estetico. La natura apparentemente disordinata di questa forma d'arte ci fa ritornare al discorso sull'influenza dell'arte europea e a considerare che Jackson Pollock abbia fatto i suoi primi esperimenti artistici attingendo dal Cubismo e da tutto ciò che era considerato rilevante nel linguaggio della moderna pittura europea. Una dimostrazione di ciò è il dipinto *Going West* (1934-35), che nelle forme, nelle pennellate e nelle sfumature di colore ha molte affinità con le avanguardie europee; quindi, è probabile che sia partito anche dalle avanguardie europee per trovare l'ispirazione per il *dripping*, creando un nuovo modo di fare arte.

Una tendenza opposta alla pittura d'azione è la pittura a campi di colore, detta *Color field painting* o *Post-Painterly Abstraction*, una tecnica introdotta nel 1950 che si può anche considerare un movimento artistico a sé e che, senza seguire l'istinto e le emozioni forti e in maniera più calma, si sofferma su tele caratterizzate da grandi campiture di colore, delineate con il pennello appoggiato sulla tela e ispirate dall'inquietudine generata dall'atmosfera postbellica, basandosi sulle teorie di Carl Gustav Jung, tra memoria e mondo onirico. Mettendo *Action Painting* e *Color field painting* a confronto, possiamo dire che, nel primo caso, predomina il rumore dell'anima, mentre, nel secondo caso, prevale la quiete. Gli artisti che sono diventati noti con il *Color field painting* sono Mark Rothko, Kenneth Noland (1924-2010) e gli ideatori della pittura a macchia di colore Helen Frankenthaler (1928-2011) e Morris Louis (1912-1962).

Pur apparendo diametralmente opposte, queste tecniche hanno anche dei punti in comune: nessuna delle due ha uno schema iniziale, sono completamente astratte perché non raffigurano la realtà né gli oggetti e sono una risposta alle emozioni interiori.

Pop-art

Digita su un motore di ricerca Marylin Monroe e Beatles, passeggia per le vie dello shopping della tua città e, probabilmente, troverai almeno un negozio che ha qualche oggetto ispirato alla *Pop Art*, un'arte popolare nata per sorprendere, per dar un effetto Wow. É il periodo della società dei consumi, della post-modernità, del capitalismo, della cultura di massa, della società dello spettacolo teorizzata dal filosofo Guy De Bord, con una cultura mercificata, non più appannaggio di un'élite ristretta ma alla portata di tutti, di una società dove tutto diventa fugace, dura un'istante, perché c'è sempre qualcosa di nuovo da comprare e consumare nella società dei consumi. È una società che difficilmente si sorprende e che ha imparato a conoscere i colori delle avanguardie. Lo so che vorresti chiedermi: quindi, Jim, che cos'è questa Pop Art? Ti decidi a dirmelo parlandomene come hai fatto per gli altri movimenti artistici? Ok. Iniziamo!

La *Pop-Art* è un'arte ironica, che, nonostante una breve durata, ha rivoluzionato la concezione di arte. Si diffonde per le stesse finalità dell'Espressionismo astratto: reagire alla tristezza e all'oscurità del dopoguerra e guardare avanti, verso il nuovo, manifestando questo desiderio attraverso uno stile simile al Dadaismo, con la promozione di un'arte/non arte che si ribellava all'arte convenzionale ricorrendo a un accostamento inusuale di immagini raffiguranti volti di persone famose, frammenti di riviste, quotidiani e fumetti.

La *Pop-Art* compare in Gran Bretagna in pieno boom economico nella metà degli anni Cinquanta ed è l'abbreviazione di *Popular Art*, termine introdotto da Lawrence Alloway nel 1958 in riferimento a tutto ciò che rientrava nei prodotti della società di massa, dei mezzi di comunicazione e del consumismo, tra elettrodomestici, pubblicità, radio, televisione, moda e tanto altro.

"Just what is it that makes today's homes so different, so appealing", in italiano *"Che cosa rende le case di oggi così diverse, così attraenti?",* è l'opera manifesto della Pop-art, realizzata nel 1956 da Richard Hamilton (1922-2011), un artista londinese che ammirava Marcel Duchamp e che incontrò anche di persona. È con lui che nasce la Pop-Art, che non è nata in America con Andy Wharol come tutti pensano.

Just what is it that makes today's homes so different, so appealing? è un lavoro che critica la società dei consumi, rompe gli schemi, suscita stupore e forse qualche sorriso in chi lo vede per la prima volta: uno stravagante collage con l'accostamento di oggetti simbolici tipici del sogno americano e personaggi presi da ritagli di giornale e incollati sull'immagine del salotto di una comune abitazione dell'epoca, invasa da un televisore, da un registratore, da una confezione di prosciutto in scatola, da un fumetto, da una casalinga con un aspirapolvere e molto altro.

Un altro artista inglese che ha sposato la Pop-Art è Peter Blake, che, tra il 1955 e il 1957, ha realizzato *Sul balcone*, un dipinto simile a un collage che vede sulla scena immagini diverse che richiamano il tema del balcone, citando anche il dipinto di Édouard Manet *Il Balcone* (1868); inoltre, nel 1967, Peter Blake ha realizzato la copertina dell'ottavo album dei Beatles *Sgt. Pepper's Lonely Hearts Club Band*.

Nel 1960, la Pop-Art approda anche negli Stati Uniti con Andy Wharol (1928-1987) e Roy Lichtenstein (1923-1997), che fanno della società capitalista la propria musa ispiratrice e la omaggiano con i propri lavori, a differenza di quanto avviene in Europa dove gli artisti cercano di mettere in guardia dalle insidie del capitalismo.

Pittore, grafico, scultore, creativo, Andy Wharol non è stato l'ideatore della Pop-Art, ma è con lui che l'ha trasformata in un'arte iconica. Ha preso la società dei consumi e l'ha montata e smontata attraverso le etichette che i media hanno attribuito e attribuiscono alle cose.

Lo stile di Andy Wharol è deputato all'estetica, che abbellisce, nasconde i difetti e rende glamour e iconica qualunque cosa, rispondendo al desiderio del pubblico di ammirare volti noti e cose per il loro lato estetico, mettendo in secondo piano ciò che si trova oltre le apparenze. Ecco che un oggetto di uso quotidiano come la scatola di una zuppa di pomodoro o il volto di una celebrità diventano icone di quadri psichedelici e seriali, un esempio, è il volto dell'attrice Marylin Monroe.

The Factory era il suo studio di New York, ma era anche un luogo esclusivo al quale solo pochi eletti, i cosiddetti VIP, *very important person*, potevano avere accesso e partecipare ai party che si organizzavano. *The Factory* era un posto vivace e ricco di cultura dove si incontravano personaggi di ambiti artistici differenti.

Molto più riservato e schivo alla vita mondana rispetto ad Andy Wharol, Roy Lichtenstein è considerato il creatore degli iconici fumetti giganti decontestualizzati e colorati con tanti puntini. Sapevi che li inseriva manualmente con la tecnica Ben-Day dots e che non erano stampe? Famosissimi sono *Whaam*, *In the car* e *Crying Girl*, tutti realizzati nel 1963. È questo ciò per cui è maggiormente ricordato, eppure, Roy Lichtenstein era un'artista diverso da quelli del suo tempo. Ha inseguito le nuove tendenze, ma non ha mai abbandonato il classicismo e nei primi anni della sua carriera artistica si è soffermato molto su dipinti che emulavano l'arte europea tra Espressionismo e Cubismo e altri ispirati alla pittura tradizionale cinese. Inoltre, quando a partire dalla fine degli anni Cinquanta si è concentrato sulla Pop-Art, si è distaccato dallo stile di Andy Wharol concentrato sull'apparenza e sulle etichette e ha creato i suoi lavori prendendo come fonte di ispirazione tutto ciò che era comune, privo di ciò che oggi chiamiamo branding.

Minimalismo

Less is more. Quante volte hai sentito questa frase? Il concetto che la racchiude è il tema dell'ultimo capitolo di questo libro: il Minimalismo, un movimento artistico del secondo dopoguerra che si diffonde soprattutto in America a partire dagli anni Sessanta come l'opposto delle forme d'arte eccentriche, psichedeliche, cariche di elementi, soprattutto l'Espressionismo astratto e la *Pop-Art*. *Less is more* è un concetto più antico, che risale alla fine dell'Ottocento, ma il senso non cambia: meno cose ci sono, più l'essenziale si trova al centro dell'attenzione.

Più che un movimento artistico, il Minimalismo è una linea di pensiero che abbraccia anche la scrittura, la musica, l'architettura, l'arredo e il design oltre che la pittura ed è anche uno stile di vita, che si basa sulla capacità di saper dire di no a tutto ciò che è superfluo per circondarsi solo di ciò che è realmente necessario.

I *White paintings* del 1951 di Robert Rauschenberg (1925-2008) e i *Black paintings* di Ad Reinhardt (1913-1967) del 1960 sono tra gli esempi più lampanti di un Minimalismo che, nel caso di Ad Reinhardt, parte dal Suprematismo di Kazimir Malevič.

Di *Minimal Art* si inizia a parlare dal 1965 dopo la pubblicazione dell'omonimo saggio del filosofo Richard Wollheim, il cui contenuto era dedicato ad altri movimenti artistici oggetto di una mostra che si era tenuta alla Green Gallery di New York, ma la definizione *Minimal Art* sembrò perfetta anche per ciò che gli artisti stavano producendo durante gli anni Sessanta.

Nel campo artistico, il Minimalismo, che segue la filosofia del Bauhaus, si presenta come un'arte fredda, antiespressiva, calcolata e precisa, che si accomuna con la Pop-Art per il target: la produzione di massa, l'unico tratto affine ai due movimenti artistici, poiché i minimalisti erano contrari alla concezione di arte come bene di consumo.

Pur opponendosi all'eccentricità, l'arte minimalista rifugge dal realismo e mira alla semplicità, alla razionalità e alla valorizzazione di ciò che è essenziale. L'uso del colore diventa moderato e l'arte si carica di una propria personalità, come affermato dai minimalisti. È un'arte che non vuole replicare nulla, ma si prefigge l'obiettivo di trovare espressione attraverso lo stretto necessario, la sottrazione, la spersonalizzazione e l'antiespressività adoperando materiali da costruzione come mattoni, metallo, plexiglas, vetro, plastica, tubi al neon, luci e lastre per lavorare con linee e forme geometriche da rappresentare con freddezza.

Gli artisti che meglio hanno rappresentato il Minimalismo sono i seguenti:

- pittore e scultore di origini italiane, Frank Stella (1936) è partito dall'Espressionismo astratto e si è spostato verso il Minimalismo, di cui è considerato il creatore, orientandosi sull'astrazione geometrica con schemi ripetitivi e frammentati. Tra le sue opere maggiori, possiamo elencare *Miscuglio di grigio* (1965), il gioco di cerchi, curve e quadrati *Harran* II (1967), *Star of Persia I* (1967), la serie di litografie *Shards* (1982). Una curiosità che riguarda questo artista è che alcune sue opere portano il nome delle città orientali;
- lo scultore Bob Morris (1931-2018), nome completo Robert Morris, è stato quello che ha saputo meglio mettere in pratica il concetto di Minimalismo con le sue sculture modulari e monumentali. È del 1974 *4 Rings, 2 Centers*, un'opera monumentale di circa venti metri concepita per

creare una sinergia tra lo spazio circostante e lo spettatore. Alcune delle sue sculture sono state utilizzate come parte delle scenografie per i ballerini del Juson Dance Theatre a New York. Altre sue opere che si possono ricordare sono *Untitled (Box for standing)* del 1961, l'installazione *Labirinto* (1982) che si trova a Pistoia, in Italia, la serie dei *Mirror Pieces* realizzata tra il 1961 e il 1978. Suo è anche il concetto di *unavaible*, inteso come il rifiuto di un'arte finta;

- Donald Judd (1928-1994) ha lavorato sulla tridimensionalità di parallelepipedi e rettangoli collocati nello spazio in maniera modulare e in progressione per creare armonia tra pieni e vuoti. Ha effettuato queste sue creazioni lavorando l'acciaio inossidabile e altri materiali industriali come hanno fatto anche altri minimalisti. Tra i suoi lavori minimalisti, possiamo elencare: *Untitled (Progression)* del 1965, *Untitled (Stack)* del 1967;
- il pittore Enrico Castellani (1930-2017) ha sperimentato le possibilità creative ottenibili dalle superfici trapuntate, superfici bucate sul retro con dei cunei di legno ordinati in modo parallelo per creare ombre e sporgenze e fare luce sulla spazialità. Uno dei suoi lavori più conosciuti è *Superficie bianca* (1969);
- Dan Flavin (1933-1996) ha usato le luci al neon per creare sculture suggestive. È un minimalista che è entrato nel campo artistico quasi per caso, nonostante il suo talento, quando decise di farsi assumere come impiegato presso l'ufficio postale del Guggenheim Museum e come guardiano del Museum of Modern Art per conoscere da vicino la società degli artisti. Il suo piano è stato vincente e non solo per gli incontri influenti che ha avuto modo di fare, ma anche per il modo in cui è riuscito a esprimere il suo

punto di vista minimalista realizzando sculture con oggetti di uso quotidiano come le lampade fluorescenti dette *Icone*, dalle quali ha smontato la parte metallica conservando solo la plafoniera per fissarle sul muro allo scopo di valorizzare il colore e la luce;

- Agnes Martin (1912-2004), anche se più orientata all'astrattismo, rientra tra i minimalisti per il suo modo di lavorare con superfici quadrettate e rettangolari disegnate a mano con linee e trattini bianchi. Una delle sue opere più famose è *Fiore Bianco* (1960).

Conclusioni

Eccoci giunti alla fine di questo viaggio alla scoperta dei movimenti artistici che hanno determinato lo sviluppo dell'arte moderna. Quali sono le cose che hai imparato leggendo i capitoli di questo libro?

Non ti conosco, però voglio concludere elencandoti ciò che ho imparato sull'arte mentre scrivevo questo libro. Si tratta più che altro di riflessioni che ho maturato io personalmente, ma sono contento di condividerle con te:

1. Abbiamo imparato che anche gli artisti più famosi e che oggi sono considerati delle icone, hanno dovuto rimboccarsi le maniche per raggiungere i loro obiettivi, sia nell'eccellere attraverso la propria arte e sia per conquistare il successo meritato. Tra tutte, credo che questa sia una delle lezioni più belle che l'arte possa insegnarci.
2. Abbiamo imparato che il valore di un'opera d'arte non si apprezza subito, che talvolta ci possono essere degli errori di giudizio anche da parte degli esperti, e che sono necessari tempo, confronto e riflessione per scoprire l'utilità, proprio come è spesso accaduto durante l'affermazione delle avanguardie artistiche tra Ottocento e Novecento.
3. Abbiamo imparato che molto raramente gli artisti si sono soffermati su una singola tendenza e che hanno avuto la curiosità di sperimentare stili e tecniche differenti.
4. Abbiamo imparato, seguendo la lezione della Metafisica pittorica, che non tutto è come sembra e che dietro le apparenze c'è molto altro da interpretare.

5. Abbiamo imparato che l'accostamento dei colori può creare un'infinità di modi diversi di dipingere lo stesso soggetto.
6. Abbiamo imparato che l'arte si può trovare in qualsiasi cosa, anche negli oggetti di uso comune.
7. Abbiamo imparato che la perfezione non si raggiunge per magia, ma si ottiene solo lavorando sodo attraverso lo studio, il confronto e la sperimentazione continua.
8. Abbiamo imparato che anche le opere d'arte più semplici ci offrono opportunità di riflessione e che, talvolta, un'opera d'arte può anche essere espressione di uno stile di vita, come nel caso del Minimalismo.
9. Abbiamo imparato che l'arte non può essere fine a sé stessa, ma deve essere uno strumento di comunicazione e di riflessione sulla realtà interiore ed esteriore e andare di pari passo con i cambiamenti che affronta la società.
10. Abbiamo imparato che non si smette mai di imparare e che c'è sempre spazio per sperimentare nuove forme d'arte.

Sono sicuro che, adesso, anche tu come me, stai fantasticando sulla vita degli artisti che abbiamo incontrato in questo libro e ti sei messo in cerca dei luoghi in cui sono nati, si sono formati e hanno messo alla prova il loro talento. Chissà, forse anche tu, proprio come me, ora che hai raggiunto le righe finali di questo libro, ti stai già organizzando per scoprire quali sono le mostre d'arte e i musei più vicini a te per mettere alla prova le tue conoscenze artistiche e per divertirti a indovinare i titoli dei dipinti e a quali movimenti artistici appartengono.

Non mi resta che chiederti: quale movimento artistico è diventato il tuo preferito? Di tutti gli artisti di cui ti ho parlato, chi ti piace di più?

Qualunque sia la tua risposta, spero di aver acceso in te l'amore per il sapere e per l'arte, che è una delle cose più preziose che abbiamo per conoscere la realtà e la miriade di sfaccettature per poterla interpretare.

Jim!

Nota dell'autore

Grazie mille par aver letto questo libro! Come avrai capito, attraverso questo manoscritto e gli altri della serie "Easy History", sto provando a rendere semplici e accessibili a tutti argomenti normalmente affrontati da lunghi e complicati testi accademici.

Il mio obiettivo da scrittore freelancer è quello di contribuire alla divulgazione di fatti storici nel modo più neutrale possibile (cosa molto difficile da fare, a causa delle influenze a cui tutti noi siamo soggetti) e in un modo che possa davvero arrivare a tutti, per permettere ai lettori (di ogni età, genere o cultura) di farsi una propria idea su cosa è successo nella storia e cosa ci è stato tramandato dai miti e dalle leggende.

Un tipo di informazione indipendente, semplice e neutrale rappresenta, secondo me, una potentissima arma contro l'ignoranza e le strumentalizzazioni che vediamo ai giorni nostri anche nei più importanti media (per non parlare dei social network), e in questo senso non c'è cosa migliore di conoscere il passato per costruire un futuro migliore.

Perché faccio questo? Per passione, niente più e niente meno. Sono sempre stato un lettore quasi ossessionato dai libri di storia e mitologia, e sono sempre stato affascinato da come eventi di centinaia o migliaia di anni fa hanno ancora effetto sulla vita odierna.

Essendo io un autore completamente indipendente, che si occupa in prima persona di tutta la ricerca, la scrittura e la pubblicità dei libri (al contrario di chi è supportato da case editrici o altri enti), ti chiedo un piccolissimo favore:

Se ti è piaciuta la lettura, o se semplicemente ti è stata utile per qualsiasi motivo, ti chiedo gentilmente di lasciare una recensione o una semplice valutazione su Amazon!

Non hai la minima idea di quanto questo possa essere utile per me e per tutti quelli che, come me, fanno tutto da soli!

Bibliografia

A. A. V.V., *Stati Uniti orientali*, Italia, EDT, 2008.

A.A., V.V., *Storia dell'arte occidentale*, Creative Commons Attribution, Share Alike 3.0, 2014.

Camanzi, Cristian, *3 Maggio 1808 di Francisco Goya. Audioquadro*, Italia, Area51 Publishing, 2018.

Carriero, Carolina, *Il consumo della pop art: esibizione dell'oggetto e crisi dell'oggettivazione*, Italia, Jaca Book, 2003.

De Micheli, Mario, *Le avanguardie artistiche del Novecento*, Italia, Feltrinelli, 1988.

Desideri, Fabrizio, Matteucci, Giovanni, *Dall'oggetto estetico all'oggetto artistico*, Italia, Firenze University Press, 2006.

Gaietto, Pietro, *Concettuario degli stili. Girovagando per l'arte*, Lulu.com, 2016.

Hodge, Susie, *50 grandi idee arte*, Italia, edizioni Dedalo, 2012.

Licht, Fred, *Manet*, Italia, Jaca Book, 1997.

Matta, Giovanni, *Gli sviluppi dell'arte moderna in Europa: dalla fine dell'Ottocento ai primi anni del Novecento*, Italia, Gangemi Editore, 2015.

Missiaja, Gianfranco, *Arte Contemporanea - Difficile Capirla?*, Lulu Press, 2014.

Negri, Antonello, *Nuova Oggettività*, Italia, Giunti Editore, 2014.

Nifosì, Giuseppe, *Arte in opera. vol. 4 Dal naturalismo seicentesco all'Impressionismo: Pittura Scultura Architettura*, Italia, Editori Laterza Scuola, 2016.

Nifosì, Giuseppe, *L'arte svelata. vol. 3. Ottocento Novecento XXI secolo*, Italia, Editori Laterza Scuola, 2014.

Petrolino, Domenico, *Riassunti di Storia dell'Arte*. Dal canale YouTube "Non Puoi Non Saperlo", 2018.

Pugliese, Marina, Tecnica mista. Com'è fatta l'arte del '900, Italia, Mondadori Bruno, 2012.

Redaelli, Alessandra, *10 cose da sapere sull'arte contemporanea*, Italia, Newton Compton Editori, 2018.

Scibona, Giancarlo, *Il mondo delle idee: dai greci al nostro tempo. Le idee costruiscono il mondo e lo distruggono*, Italia, Armando Editore, 2010.

Tedeschi, Francesco, *Il Futurismo nella Arti Figurative: dalle origini divisioniste al 1916*, EDUCatt - Ente per il diritto allo studio universitario dell'Università Cattolica, 1995.

Towry Piper, David, *Dizionario illustrato dell'arte e degli artisti*, Italia, Gremese Editore, 2000.

Ursino, Mario, *L'effetto metafisico: 1918-1968*, Italia, Gangemi Editore, 2016.

http://proffrana.altervista.org/

http://www.artdreamguide.com/

http://www.arte.it/

http://www.didatticarte.it/Blog/

http://www.ilcappellodiirma.it/

https://arteinbreve.it/

https://artesemplice.blogspot.com/

https://artsandculture.google.com/

https://artslife.com/history/

https://artspecialday.mifacciodicultura.tv.it/

https://artsupp.com/it/

https://biografieonline.it/

https://dueminutidiarte.com/

https://lezionidartecontemporanea.wordpress.com/

https://libreriamo.it/

https://restaurars.altervista.org/

https://www.analisidellopera.it/

https://www.angoloarte.altervista.org/

https://www.artesplorando.it/

https://www.artonweb.it/

https://www.artuu.it/

https://www.artwort.com/

https://www.deartibus.it/

https://www.futurismo.org/

https://www.ildivisionismo.it/

https://www.ilgiornaledellarte.com/

https://www.inchiostronero.it/

https://www.lemeravigliedellarte.it/

https://www.lifestar.it/

https://www.lombardiabeniculturali.it/

https://www.pittoriliguri.info/

https://www.pitturiamo.eu/

https://www.settemuse.it/

https://www.thewalkoffame.it/

https://www.travelonart.com/

https://www.youtube.com/c/Artesplorando

https://www.youtube.com/c/Lessisart

https://www.youtube.com/c/NonPuoiNonSaperlo

https://www.youtube.com/c/proffranaVeronicaBiraghi

https://www.youtube.com/c/RaffaellaArpiani

https://www.youtube.com/channel/UCB1VniR2nJeJ7IYfr2xiZ3A

https://www.youtube.com/user/RegolaArte

www.ingramcontent.com/pod-product-compliance
Lightning Source LLC
Chambersburg PA
CBHW050010230526

45465CB00003BB/1343